左手阅读 右手写作

从零开始打造你的读书IP

笑 薇◎著

中国铁道出版社有限公司
CHINA RAILWAY PUBLISHING HOUSE CO., LTD.

图书在版编目（CIP）数据

左手阅读，右手写作：从零开始打造你的读书 IP/笑薇
著 . —北京：中国铁道出版社有限公司，2023.11
ISBN 978-7-113-30440-9

Ⅰ. ①左…　Ⅱ. ①笑…　Ⅲ. ①读书方法-通俗读物
Ⅳ. ①G792-49

中国国家版本馆 CIP 数据核字（2023）第 143207 号

书　　名：**左手阅读，右手写作——从零开始打造你的读书 IP**
ZUOSHOU YUEDU, YOUSHOU XIEZUO——CONG LING KAISHI DAZAO
NI DE DUSHU IP

作　　者：笑　薇

责任编辑：陈晓钟　　　　　　　编辑部电话：（010）51873697
封面设计：仙　境
责任校对：安海燕
责任印制：赵星辰

出版发行：中国铁道出版社有限公司（100054，北京市西城区右安门西街 8 号）
印　　刷：天津嘉恒印务有限公司
版　　次：2023 年 11 月第 1 版　2023 年 11 月第 1 次印刷
开　　本：880 mm×1 230 mm 1/32　印张：6.25　字数：122 千
书　　号：ISBN 978-7-113-30440-9
定　　价：62.00 元

序 言

朋友们，我是笑薇，很荣幸我们以这样的方式见面。

也许在这之前，你已经在自媒体看到过我的文章，或许也曾上过我的读书写作课，但若想深入了解我，我认为还得从这本书开始。

书是作者知识、经验、阅历和思想的承载。想要了解一个作者的思想几何，实力几何，去读他的书就对了。

在快速发展的自媒体行业，很多人都在追红利、拼命求快，而我全职读书写作了多年才出版第一本书，中途确实经历了不少曲折。了解我的人，有为我着急的，也有为我感到可惜的。可是，对于不擅社交和自我展示的人来说，有时候错过一些机会，绕了一些远路，甚至产生一些不必要的误会，终究也是无法省略和跳过的成长之路。

每一步路都有它的意义。有时候，我们是绕了很远，但只要不放弃，最终还是能找到自己想去的方向的。

读书写作多年，32 岁才出版第一本书。跟圈子里的很多人相比，好像真的不够快。但现在的我，相比几年前，的确少了很多浮躁、狭隘、短视，取而代之的是平和、笃定、自信，有了更清晰的自我认知，也更擅长反思和自我修正。更重要的是，我不仅坚定了自己的选择，还修炼出了爱、感恩、包容的能力。这些都是 30 岁前的我很难达到的境界，也是多年坚持读书写作带来的改变。

2017 年从一线城市定居三线小城的不到半年时间里，我便成为能靠读书写作养活自己的自由撰稿人，至今已有六年时间。在这六年里，我实现了曾经渴望的经济独立和时间自由，成功把兴趣变成了事业，也因此收获了一些读者和学员。我认为，坚持读书写作六年，我所得到的最好礼物并不是读了多少本书，写了多少万字，影响了多少人，而是一个不断向下扎根、向上成长的自己。

我无比相信，受益于对读书写作的坚持，我还能走向更远的地方。

当我回顾这条成长之路，想起了 25 岁的自己，那时还是一个不知道未来在哪里的人。这一切都源于在北京工作时，被领导硬性要求每周必须看一本书,写一篇书评。

定居小城后,我觉得这是个好习惯,正确的事就要坚持做,不是吗?或许是心怀对领导的感恩,抑或是不想放弃任何让自己变好的可能,总之,那年回来后,我便开始每天看书写书评。然而写了一段时间后,我发现了很多问题,比如读书效率不高,写的笔记和书评总感觉在生搬硬套,没有自己的思考和灵魂。痛定思痛,我开始研究读书写作方法。我研读了不下 50 本相关理论书籍,又结合自己的实战经验,不断改良和优化,后来竟然总结出了一套备受好评的读书写作课,我自己受益不说,更令数千名学员受益。

这本书,就是我的读书写作经验方法总结。从怎么阅读、怎么写作,到怎么通过读书写作探索出一条可持续发展的路,我把自己一路积攒的心得和方法都写在了这本书里。

它们曾经帮助不会读书的人学会了高效阅读,帮助不会写作的人打通了任督二脉,成为各大平台的签约作者、上稿作者,因此收获了一份副业,甚至主业,更造福了千万家庭。

现在,我把它们一起打包送给你,希望能成为影响你人生的礼物。

当然,我无法承诺你读了这本书一定能拿到"漂亮"的结果,但确信无疑的是,当你开始读书写作,并能持之以恒,你就已经开始解锁了一条不断上升的路,也是一条可以让你收获幸福、自信与成功的路。

　　未来,希望我们能彼此陪伴与鼓励,一起走向更远的地方,也互相见证读书写作终将给我们人生带来的丰盈与美好!

　　　　　　　　　　　　　　　　　　　　　　笑　薇
　　　　　　　　　　　　　　　　　　　　　　2023 年 5 月

目 录

第一章

阅读认知力：学会读书再读书

第一节 打破阅读误区，正确的读书方法让你快速读懂一本书

我从 2020 年开始做阅读推广。近三年来，我发现了一个令人痛心的问题：很多人不会读书！带过的学员全网近 6 000 名，但几乎每一期，都有学员告诉我，原来过去十几年，甚至几十年，他们的阅读方法多多少少都有点问题：

- 读书只会逐字逐句看，从头翻到尾，结果读得慢、读不完；
- 关注读书的数量，结果数量、质量都没上去；
- 读完书后从不写笔记，就算做，也是简单的摘录；
- 读完书，书还是书，自己还是自己，让讲一讲书上讲了啥，却说不出个所以然……

这些问题都表明，很多人虽然读过书，甚至不少都接受过高等教育，但他们的阅读能力却并不高。阅读能力是一种非常重要的学习能力，而人的学习能力虽然提升比较慢，却是回报比较高的投资。

对于想通过打造读书 IP 实现自我价值的作者来说，阅读效率决定写作产出。

阅读效率高，意味着能轻松读懂，如此一来，就能有更多时间用于写作，写出更多优质文章的可能性也会更大。尤其对自媒体人来说，十来天才更新一篇文章和一周"三更"或者"日更"的人相比，他们

的收益会有很大区别。

阅读效率也会影响工作效率和生活质量。试想一下,当你阅读效率更高时,处理文件和资料的速度是不是也会更快一点? 把节省下来的时间用来休息、娱乐或者自我提升,不是更好吗?

对于现代人来说,阅读能力是一项非常有必要提升的能力,与此同时,阅读能力的提升也是一门技术活,要讲究方法和技巧,需要我们系统学习。

那么,导致阅读效率低下的原因有哪些呢? 在学习正确的阅读方法之前,我们需要梳理并打破这些误区。

三个常见的阅读误区

第一个阅读误区:阅读速度无法提高。

成年人的阅读速度还能提高吗? 相信这个困惑很多人都有,毕竟我们中的很多人都已经有十几二十年的阅读史,阅读速度方面也已经有了自己的习惯,这就导致很多人会给自己的思维设限,认为自己的阅读速度无法提高。

其实,快速阅读也是一种技能,掌握一定的方法和技巧,加上刻意练习,实现起来并不难。在学习快速阅读之前,我们一定要打破这种思想禁锢。

第二个阅读误区:阅读必须逐字逐句读懂读透。

著名书评人印南敦史曾说:

并不存在"能够快速阅读的人"和"不能快速阅读的人"。他们之间的差异仅仅在于,是"能够摆脱仔细阅读的束缚",还是"纠结于仔细阅读",仅此而已。

仔细阅读者往往逐字逐句阅读,他们拘泥于不漏掉每一字每一句,但快速阅读者则懂得,比执着于每一字每一句更重要的,其实是抓重点,并领悟大意,所以他们会跳读,只读那些重要的、对自己有用的内容,有详有略,这样阅读,速度自然快多了。

没有人不能快速阅读,关键在于能否摆脱逐字逐句阅读的观念和习惯。

如果你认为读书必须不放过每一字句,那么即便再简单的书,恐怕你的阅读速度也不会很快。但如果能摆脱逐字逐句阅读的束缚,那么你的阅读速度一定会明显提升。

第三个阅读误区:只输入不输出。

这几年来,我一直专注于读书写书评这个领域,也算是有了一点实践积累和经验,我发现导致大家阅读效率低、获得感有限的主要原因就在于缺乏有效输出。很多人读书根本不做笔记,也不写文章,更不会与其他人交流,行动就更谈不上了,往往读完了也就完了,这样读书,效果必然是有限的。

日本作家和书评人印南敦史在《快速阅读术》中提出过"呼吸式阅读法",意思是说,只读书,不输出,就好像只吸气,却不呼出一样,时间久了就会很难受。

左手阅读,右手写作
从零开始打造你的读书IP

真正有效的阅读一定是输入和输出相结合的,否则大脑中积累太多没有消化的知识,只会让自己越来越迷茫,无法体会到阅读的快乐和意义,这也是我尤其注重输出式阅读的主要原因。输出式阅读是检验学习效果的最佳方式,以输出为手段,以吸收和践行为目的。我做阅读推广以来,读书只是最基本的要求,除此之外,写读书笔记也是每天必须要践行的习惯。

打破以上三个阅读误区后,接下来,我们看如何快速读懂一本书。

📖 高效阅读三步法

作为阅读新手,想要在拿到一本书后,快速把握一本书的精髓,需要掌握三个快速阅读步骤。

第一步,阅读封面、序言和目录。

正式阅读之前,首先我们要学会快速浏览书籍的封面、序言和目录。

封面

为了促进一本书的销售,编辑往往会把全书最吸引人、最亮眼的部分提炼出来,并呈现在最明显的位置,比如书的封一。此外,封底也会放上关于书籍的一些重点,以及名人推荐语等。通过这些内容,我们便能大概了解一本书的核心要点。

序言

在序言部分,作者通常会阐述自己的写作意图,以及对全书内容的思考和安排,比如第一章讲的是什么,第二章、第三章又分别讲了什么,通过阅读序言,我们可以快速增进对一本书的了解和理解。

目录

目录有点像一本书的"导游图",阅读之前,我们通过浏览这份"导游图",可以从整体快速把握一本书的全貌,并判定哪部分是重点、亮点,是自己想要阅读的内容,值得花更多时间阅读,哪部分不重要,简单浏览就可以了。

通过阅读封面、序言、目录,我们能在短时间内快速了解和判定一本书是否值得自己阅读,如果值得阅读,应该如何阅读,重点在哪里。

第二步,根据自己的阅读需求提炼关键词。

带着目的或问题去读书,更容易实现快速阅读,阅读效果也会更好。

读书之前,问问自己,为什么要读这本书?有哪些困惑需要解决?想要了解哪些知识?明确阅读目的和需求,再提炼出关键词。

提问能引导大脑对书籍产生兴趣,明确阅读目的,避免盲目阅读。在阅读过程中,重点注意和关键词相关的内容,这样能有效提高阅读速度和效率。比如,我在读《非暴力沟通》这本书的时候,就问了自己一个问题:我为什么要读这本书?答案是,我希望能改善和先生

左手阅读,右手写作
从零开始打造你的读书IP

之间糟糕的沟通现状,提高经营幸福婚姻的能力。我提炼的关键词就是沟通、幸福婚姻。

当我明确了自己的读书目的和关键词后,在阅读过程中,我就会特别留意关于亲密关系中的沟通技巧部分的内容,无关内容会自动跳过,这样阅读速度明显加快,原本一周才能读完的书,最后断断续续读了两三天便完成了。

所以,读书不一定要把整本书所有的内容都读完,关键是读那些自己想要的、对自己当下有帮助的内容。学会根据阅读需要提炼关键词,然后在关键词的指引下选择性地跳读,阅读效率便会稳步提升。

真正的阅读,一定要以自己的需求为中心,把握最精华、最需要的部分,而不是以书本为中心。

第三步,重点阅读观点句、结论句。

正式开启阅读后,想要精准把握作者阐述的知识和观点,就要留意那些观点句和结论句,这类句子通常是作者着墨的重点。

下面分享两类常见书籍的阅读方法。

①实用类书籍

实用类书籍写作结构比较清晰,重点句相对好找,文章的写作结构通常是开头提出主题或观点,中间论证观点,结尾总结确认观点。

读实用类书籍,我们只需要重点阅读开头和结尾,中间部分是为了论证观点引用的素材、具体案例，即使少读，甚至不读，也能够理解作者的主张。这就好比我们看到一头大象，即使把它的中间部分遮住，只看它的头和脚，我们也能知道它是大象。

②情节类书籍

读情节类书籍，比如文学小说、传记等作品，则不宜跳过情节，因为阅读这类作品的一大价值正在于美妙的情节给读者带来的愉悦体验。即便如此，我们也可以在阅读前适当做一些功课，了解一些与图书相关的重要信息，以此增进对这本书的了解。比如了解它的主要内容、人物及写作背景，还有作者的生平、价值思想等，这些都将有助于我们理解原著，从而提升阅读速度。具体操作方面可以去百度、豆瓣、知乎等平台检索关键词。

最后，我们总结一下高效阅读的三个步骤：第一，快速浏览书籍的封面、序言和目录，用 5 分钟快速捕捉一本书的核心要点。第二，提炼关键词。根据阅读目的提炼关键词，重点阅读关键词相关内容，预计用 15 分钟。第三步，重点留意书中观点句和结论句。这类句子通常是作者观点和主张的体现，大概用 10 分钟。用好这三步，坚持练习，假以时日，便能实现 30 分钟了解一本书。

读书是个技术活儿，不是读得慢，就一定掌握得多。著名畅销书作家、投资人李笑来曾说："学会学习再学习。"

技巧背后通常都有方法论做支撑，读书亦如是。学会读书再读书，这样阅读，才不容易造成时间和精力的浪费。

第二节　四个专注力提升小技巧，让你从此看书不走神

"想读书，但读不进去，老跑神怎么办？"对于很多渴望读书，但又无法专注的书友来说，这个问题的确是一大苦恼。各种纷繁琐事搅扰，外加手机里时不时弹出的消息，想要安安静静、专心致志地坐下来读书，很多时候并不是一件容易的事情。如果我们真的想提升自己，就必须想办法解决这个问题。

快速阅读专家刘志华老师曾说："当注意力高度集中的时候，大脑不是在被动地吸收信息，而是以一种更加积极主动的方式，把书本知识和已有经验相结合。"也就是说，注意力越集中，阅读速度会更快，理解和记忆的效果也会更好，阅读兴趣也会更浓厚，由此便会形成一个良性循环。

很多人都有过这种体验，专心致志的时候，学习效果往往最好。但问题在于，这种专注并不会持续太久。专注了一段时间，我们就会不由自主地开始分心，或者被其他事情打断。

心理学家研究发现，任何有意识的注意力集中一般都不会超过20分钟。很显然，我们有意识地专注阅读20分钟，这点时间对成年人学习和工作来说，肯定是不够的。

好在专注力也是一项可以刻意练习的能力，通过一些技巧和方

法,外加练习,我们的专注力便会得到显著提升。

这一节我们分享四个能有效提升专注力的小技巧。

1. 舒尔特方格法

舒尔特方格法是一种全世界公认的简单、有效并且科学的注意力训练方法。它的操作方法很简单,在一张方形卡片上画 1 厘米×1 厘米的 25 个方格,将 1～25 这 25 个数字随机填在 25 个空格内(如下图所示),然后用手指按 1～25 的顺序依次指出其位置并读出声,记录用时。用时越短,注意力水平越高。

4	19	16	21	5
1	14	23	11	18
8	15	9	24	12
6	2	22	7	10
13	17	25	20	3

手机应用里也有专门的舒尔特 App 可以下载,跟着 App 每天练习 30 分钟,坚持一段时间,专注力便能得到有效提升。

我在 2020 年做阅读推广之初,就把舒尔特方格法推荐给了学员,其中多名学员告诉我,他们每天都会练习二三十分钟,两个月后,专注力相比以前改善明显,看书的时候比以前更容易快速沉浸其中,记忆的效果也比以前要好得多。但是,任何方法都不能代替践行,再好的方法一定要练起来,这样才能有效提升我们的能力。

这里要提醒大家:练习完一个表,中间要休息一会儿,练习时间不要太长,否则会引起视疲劳,甚至会带来视力损伤。

2. 冥想法

冥想也被称为"心灵净化体操"。冥想时,必须停止一切对外活动,保持意识清醒,然后进入一种"忘我"状态。静坐冥想可以让一个情绪焦躁的人平静下来,快速提升注意力,从而保持专注。

古人说:"宁静致远。"只有心境平稳、专心致志,才能厚积薄发、有所作为。而冥想能帮助我们实现这一状态。

那么如何进行冥想呢?

第一步,选一个自己觉得舒服的姿势坐好,两手自然交叉放在胸前;

第二步,挺直脊背,闭上双眼;

第三步,感受自己的呼吸,同时回忆一些能给自己带来美好宁静感受的人、事、物。回忆的时候,越逼真、越细致,心情便会越沉静,注意力也会越好。

每天这样冥想两三次,每次五分钟,形成习惯后,注意力就会越来越好。

关注呼吸可以帮助我们有效集中注意力,不被杂念干扰,把自己带回当下。这里的"呼吸"其实相当于一个"锚",当我们注意力分散时,可以借其回到原地。

苏联教育家乌申斯基曾说:"注意是一扇门,凡是从外界进入心灵的东西,都要通过它。"

提高阅读效率的前提是,读书要走心。当我们专注下来,读过的文字才会穿透我们的身体,形成知识记忆。学会冥想,持续练习冥想,专注力将会有显著提升,读过的书从此便能在脑海留下痕迹。

3. 番茄钟训练法

番茄钟很多人应该都不陌生,通常以 25 分钟为一个番茄钟,在番茄钟时间开启后,我们必须专注阅读,直到番茄钟结束,然后休息 5 分钟。这种方式也能在一定程度上帮助我们提升专注力。

我从 2019 年开始使用番茄钟,如今已经坚持了 4 年时间,阅读和写作的时候,我都会打开番茄钟,已经养成了习惯。通过长期的番茄钟训练,我的专注力得到了提升,对时间的感知也得到了增强。比如看一本 10 万字的书,我大概需要 8~10 个番茄钟,写一篇 2 000 字左右的文章,大概需要 3~5 个番茄钟。高效工作的一天,通常能达到 15 个番茄钟,也就是大概 6 小时左右。

虽说我们经常强调人要自律,但很多时候,人的自律需要借助他律来实现,他人的监督,一些工具的巧用,能帮助我们更加顺利地达成目标。人和动物的区别在于,人善于借助工具提高效率。对于专注力比较差的书友来说,学会用好这些小工具,专注力提升会更快。

不高估主观努力,也不低估他律的力量,巧妙使用,才能达到事半功倍的效果。

4. 关闭手机网络

提升专注力还有一点要注意,读书学习的时候一定要关闭网络。

很多人之所以沉不下心来学习，是因为现代人所受到的外界影响因素越来越多。

每天，手机上的各种应用都在向我们推送五花八门的文章、短视频及直播，还有微信里的消息，几乎全天无间断轰炸……这些碎片化信息为我们提供了了解这个世界的窗口，让人与人之间的沟通变得更加容易，但也让我们变得越来越浮躁，以至于除了频繁看手机，我们好像很难静下心来做一件事情。

处理要紧工作时，或者学习时，关闭手机网络，坚决切断干扰源，避免时间被碎片化，是对专注力最好的保护。微信上每天各种各样的消息，还有各种应用的推送，其实绝大部分都没有那么重要。如果真的担心别人有要事找你，可以在微信上备注说明，比如哪个时间段处于工作中，不便看手机等。

集中时间处理消息，你的时间才不会被分割成无尽的碎片。

我能从一个手机成瘾症患者，变成后来都记不起来刷手机的人，就是从关闭手机网络开始的。对于没有阅读习惯，专注力特别容易受干扰的小伙伴来说，一定要坚决切断干扰源。

沉下心来读书其实也没有那么难。当你能够做到读书前关闭网络，我相信你的专注力已经提升了一大半，再搭配冥想法和舒尔特方格训练法，坚持练习 2～3 个月，相信看书容易走神的问题在很大程度上能够得到解决。

第三节　三步实现知识内化，帮你有效
提高阅读理解力

经常有书友告诉我："我很喜欢读书，但经常读完就忘，总觉得没什么收获。"这个问题，我想很多人都有。读书效率低，收获有限，看似无大碍，其实影响特别大。轻则浪费时间，重则错误地以为读书无用，直至放弃阅读。其实，并不是读书无用，而是我们用错了方法。

那么，究竟应该怎样读书才是有效的呢？

古人早就告诉我们了：好记性不如烂笔头。也就说，记忆力是靠不住的，一定得写点什么才行！

从我多年的读书经历来看，如果希望每读完一本书，都能有扎扎实实的收获，就一定要有输出。

📖 为什么要写读书笔记

还记得 2017 年刚开始大量读书的时候，和很多人一样，我也不爱写读书笔记，没有意识到写读书笔记有多重要。后来我写书评等长文总是磕磕绊绊，甚至经常读完了一本书，根本不知道该怎么下笔，那种挫败感和无力感，至今记忆犹新。

后来，我专门读了很多讲阅读方法的书，这些书里都反复强调了一点：写读书笔记是提高阅读理解力的关键。比如《如何阅读一本书》这本书就讲道,要致力于做一个有要求的阅读者,一个主动的阅读者。成为一个主动的阅读者,首先要学会思考和输出,最低的要求就是写读书笔记。

日本作家奥野宣之则说:"读书笔记是与书交流过的证据。"每读一本书,就好比与一位知识渊博的朋友交谈,但如果读完了书,你却什么都没有留下,这就意味着,你只是被动聆听,并没有与这位聪明的朋友产生思想上的交流与碰撞,过于被动的阅读收获显然是有限的。

后来,我开始写读书笔记,一段时间后,我发现好像真的有点不一样了,以前读完了就过了,但是主动做了一些思考和输出后,对书里的知识记得更加深刻了,阅读效率也明显得到了提升。就这样,慢慢地,我的输出能力得到了明显提升,从一开始写几百字都难,到后来,读到一句有感触的观点,就能"唰唰"写出一千字左右的读书笔记。

而且我还发现写读书笔记有一个非常大的好处,就是我写长文变得尤其顺利了。读完一本书写上三五篇读书笔记,基本上书评也就出来了。只要明确立意,拉出一条主线,把平时的读书笔记作为素材填充到框架里,再改改开头和结尾,书评也就完成了。书单也是如此,因为平时都有写阅读体验和感想,这样很多内容都可以直接用。

写读书笔记就是非常好的读书方法和写作方法,不仅提高了阅读效率,而且写作能力也会有明显提升。

2020 年开始做阅读推广后,我要求每位学员读完一本书后必须写不低于 500 字的读书笔记。但凡踏实跟课,坚持写读书笔记的同学,无不受益于此。

事实证明,写读书笔记既是一种非常有效的阅读输出方式,也是一种很好的写作基础训练。

所以,如果你苦于读完记不住,不知如何思考,文章写不出,那么,请一定要从写读书笔记开始。写读书笔记是引导大脑开启思考的第一步,大脑通常都很懒惰,只有当我们真正开始下笔成文的时候,才会去思考。写读书笔记,就好比为我们的大脑铸造了一块磨刀石,读书笔记写得越多,我们的大脑就会变得越发敏锐。

如果希望读过的书为自己所用,或者希望提高写作能力,那么,写读书笔记这一环节定是必不可少的。只有经历这个理解和内化的过程,书上的字句才能真正融入我们身心,启发我们的大脑,滋养我们的心灵,指导我们的行为,最终真正成为一笔人生财富。

但是呢,很多人却不会写读书笔记,或者写出来的读书笔记质量比较差,还有不少同学告诉我,自己的读书笔记只停留在简单摘抄阶段。

那么,怎样才能写出一篇优秀的读书笔记呢?

📖 三步内化笔记法,快速内化书中内容

自媒体时代,很多新手都渴望通过写作实现自我价值。其实,写

好文章的前提是会读书。写作的本质是输出,阅读的本质是输入,有大量、优质的输入,才可能有持续高效的输出,并且输入和输出要形成一个完整的闭环。

经过长期摸索和实践,我得出的一个经验就是:要想把读到的书本知识内化为自己所有,并提高自己的思考能力和写作能力,最好的办法就是写读书笔记。

这几年我尝试并践行过的笔记法也不少,像康奈尔笔记法、摘抄法、拆书帮 RIA 拆书法,在对这些方法进行学习和吸收后,我改良出了一种实用有效,且得到无数学员好评的方法——三步内化笔记法。

顾名思义,三步内化笔记法总共分为三个步骤:重述——举例——总结。

第一步,重述。

读到触动自己的观点或知识点时,尝试用自己的语言重述。这样做的好处是,能够检验你是不是真的理解了,读明白了。

重述时,注意不要写得过于啰唆,越简短,反而越容易记忆和理解,所以我们在重述时要特别注意表达的精准性。

第二步,举例。

结合原观点或者知识点,想一想自己是否有能解释观点或者知识点的类似经历,或者是否有看到、听过相似的事情,有的话就把它们写下来。有了真实的案例佐证,我们对知识点的理解会更加深刻,如此一来,这个知识点就会记得很牢,从而实现真正的内化。

成甲在《好好思考》这本书中写道："读书不一定都要花在'读'上，如果你是想要掌握知识，那你应该花时间的地方是'思考'和'联系'，而非'阅读'。"

很多人读到一本喜欢的书，恨不得一下子读完，但读完了就扔到一边，不去做笔记，也不去思考，看似读起来很爽，其实读过了也就忘了，知识并没有和自己发生"化学反应"。<u>只有当我们通过思考，把书本知识和实际生活相结合，做到融会贯通，才能让知识"穿透"我们的身体，形成知识记忆，这个知识才能变成我们自己的。</u>

第三步，总结。

总结这件事情给你带来的启发，输出你的感受或者观点，同时也是呼应前文。

前面讲过，<u>我们列举了什么案例相对来讲并不是最重要的，重要的是案例背后传递的道理。</u>所以，前面举了例子之后，还要简单总结，也就是发表观点，做个小结。读书笔记虽然篇幅不会很长，三五百字、七八百字都可以，但也是一篇独立的小短文，麻雀虽小，五脏俱全，在这篇小短文中把一个观点讲清楚很重要。

给大家展示一篇我之前写过的读书笔记。

《斗魂》读书笔记一则

稻盛和夫说："人生中缺乏反省，成功即成失败之母。"

一个没有反省精神的人，即便取得了一些成绩，也不会长久，因为沉浸于成功和鲜花之中，只会让他们跌落得更快。

小学和初中时期，我一直都是老师眼里的好学生，成绩经常稳居班级第一，全年级前三。上了高中后，换了新的环境，离开了非常关注和经常褒奖我的老师，感受到了很强的不适应，学习从一开始的上游跌落至中下游，高中三年过得郁郁寡欢。

现在回想起来，那时候的我，一味沉浸在挫败中，不懂得向优秀的同学学习，从不与老师沟通，结果度过了默默无闻的三年，想来真是可惜。

如果当时的我懂得反思，就一定会意识到过去的成绩只属于过去，换了新的环境，遇到了优秀的老师和同学，更要保持谦虚好学的劲头，这样也不至于后来一蹶不振。

所以说，一个人想要保持成功，稳住成绩，就要经常自我反思，提醒自己切勿得意忘形，不断精进，才能避免不必要的挫折和失败。

这段笔记是我在阅读稻盛和夫的《斗魂》时写下的，针对书上的观点"人生中缺乏反省，成功即成失败之母"阐述自己的理解："一个没有反省精神的人，即便取得了一些成绩，也不会长久，因为沉浸于成功和鲜花之中，只会让他们跌落得更快。"再以自己读书时期的亲身经历举例说明，缺乏反思意识，即便曾经有过成功，失败也可能会很快席卷而来。最后总结："一个人想要保持成功，稳住成绩，就要经常自我反思，提醒自己切勿得意忘形，不断精进，才能避免不必要的挫折和失败。"

用这种方法写笔记,不仅增强了我的阅读理解能力,长期践行下来,我的思考能力和写作能力也大大提升了。

就新媒体写作来说,相比华丽的语言和生动的情节,有理有据的论说能力更为重要,通俗来讲,就是把一个知识一个观点讲清楚、说明白的能力。用三步内化笔记法写读书笔记,有观点,有理解,有分析,还有案例论证,不就是我们写文章的基本思路吗?

📖 新手前期可做"葱鲔火锅式"笔记

当然了,三步内化笔记法对有些人来说也许要求比较高,如果大家现在还达不到这样的水平,也可以先写得简单一点。比如,简单摘抄书上的原话,但是,不能仅仅摘抄就完事,虽然无法在一开始就做到读到一句话或者一个知识点,就能写出七八百上千字的长文,但至少要写出自己对观点或者知识点的理解。

我有时候写读书笔记,也会先直接摘录,然后再另起一行写上自己的感悟和思考。比如下面这则笔记。

摘录:我们每个人一定要经常反省自己,无论是对自己的外表,还是对自己的能力,都要有一个客观的评估。我们要善于找准自己的战场,努力升级自己的武器。

感悟:只有经常自我反思的人,才会对自己有一个清醒客观的认识,既不妄自菲薄,也不狂妄自大。他们知道自己的优势,也清楚自己的不足,并努力发挥优势,补齐不足,如此,最终成为一个更优秀的人。

其实,这也是日本作家斋藤孝提出的"葱鲔火锅式"读书笔记法,"摘抄"书上原有知识点和观点后,再简单"评价",写出自己的理解和思考。这是比较低的要求,在写读书笔记初期,可以通过这种方式训练自己的理解能力,但是,当我们练习了一段时间,比如一周之后,就可以试着做一些延伸,适当联系实际,写出自己更多的感悟和思考,对自己提出更高的要求。

老祖宗说:"取法乎上,得乎其中;取法乎中,得乎其下;取法乎下,无所得矣。"对自己要求高一点,你的收获也会更多一些。写读书笔记也是一样的。我也经常在自媒体分享读书笔记,有些细心的同学就发现了,我的读书笔记其实是有"套路"的,这个"套路"指的是方法与技巧,也就是三步内化笔记法中的三步。

总之,用内化笔记法写笔记,不仅可以帮助我们真正读懂一本书,彻底消化知识点,而且还能随时随地训练写作能力。即便每天只写个三五百字,读过的每本书也都不再白读。

内化笔记法还有一个优点就是,它既适用于实用类书籍,也适用于情节类书籍,不仅能培养阅读理解能力,增进对知识的理解与消化,更有助于训练思考能力和写作能力。

逻辑思维知识策划人李源在《给大忙人的高效阅读课》中有个观点:"一本书的内容精要往往只是一个结论、一个故事、一个方法,甚至只有一句话,大部分内容都是为了论证、说明、铺垫精要而存在。"读书并不是要把所有的内容都记住,很多时候当你能够记住一个核心论点，一两个案例，其实也就读懂了这本书。

好的读书笔记不仅能帮助我们增进理解力，更能辅助我们写作，甚至引导我们积极行动，从而让阅读产生巨大的力量，并因此改变我们的人生。学会写读书笔记，长期坚持，才能读出心得和见解。爱读书，更要会读书！

第四节　一张表格，做好知识点梳理，从此读书上瘾

三步内化笔记法适用性非常强，当我们读到有感触的地方，就可以用这种读书笔记法加深理解和记忆。这种记笔记的方法灵活好用，但比较零散，只是针对某个单一知识点的思考和整理，那么有没有一种笔记法可以让我们把一本书的核心知识点都囊括进去呢？有，那就是方格笔记法。

如果要快速整理一本书上的重点知识，方格笔记法就很实用。

方格笔记法

下面是方格笔记模板，我们可以看到表格中有 9 个核心知识点，就像"九宫格"，它适用于当我们想要快速抓取一本书的核心知识点时使用，而三步内化笔记法则适用于当我们进行深阅读、精读，一次只抓一个重点时使用。

左手阅读，右手写作
从零开始打造你的读书IP

书名		践行
作者		
好句		
知识点1	知识点2	知识点3
知识点4	知识点5	知识点6
知识点7	知识点8	知识点9

方格笔记模板

如何使用方格笔记模板做笔记呢？

第一项，书籍基本信息，包括书名、作者。

读到一本不错的书，书名和作者是最基本的信息，有必要记录下来，同时也是为了方便以后调取。

第二项，好句摘录栏。

一本好书总会有让人眼前一亮的句子，不要放过它们，摘录下来。

第三项，9 个核心知识栏。

依次把书上的核心知识点以关键词的方式提炼出来，写到方格里面去，然后再通过抄句子、抄片段、抄例子等方式，对每个关键词进行解释。

有人会问，为什么是 9 个，不是 10 个或者其他数字？

其实这里的 9 只是泛指，你也可以设置 10 个或 11 个，都行，但通常来说，如果一本书里你能搞清楚9个知识点，就已经非常厉害了。

做完这个工作之后，你不仅收获了9个硬核知识，也找到了值得摘抄的内容，比如比较颠覆你认知的知识，或者让你眼前一亮的句子等。

最后一项是践行区。

书上一些好用的干货，或者令人醍醐灌顶的观点会对我们的工作和生活有指导作用，那么，你计划怎么应用？如何行动？这里要制定具体的行动目标，要具体化，梳理出行动清单。

如果仅仅追求阅读理解上的收获，那么完成前面三项内容基本就能达到目的，但成年人读书，要以学以致用为目标，读完一本书，如果我们思想上、行动上没有任何改变，那么这样的读书意义不大。

所以，读完书后，还要用起来，用知识武装大脑，指导和纠正我们的行为，这样的读书才有可能真正帮助我们改变和成长。

平时写读书笔记，可以用三步内化笔记法，一篇500字左右的笔记讲清楚一个观点或者一个知识点，有解释，有案例佐证，做到这些就是合格的笔记。但如果读到一本还不错的书，又不打算再读第二遍，那么用方格笔记法不仅能够快速有效梳理出书上的重要知识点，清晰条理，重点突出，还能提醒自己践行，这样读书，很容易上瘾。

以下是我梳理的一篇方格笔记。

这是一本介绍写作方法的书，干货比较多，理解难度不大，一般像这类书籍，我会用2小时快速读完，然后把书上印象比较深的知识点梳理到方格笔记中，方便日后温习、调用以及践行。

方格笔记案例

书名	《写作脑科学》	践行
作者	杨滢	
好句	1. 写好一篇文章的前提是先写出一篇文章来。 2. 掌握了故事，就掌握了版权，版权是创意产业链的上游。 3. "从名词到名词"是场景描述的基础训练，等你看见一个场景就能随便说出几十个关联的名词时，场景描述就很容易了	本周写作练习践行以下方法： 1. 写作中多运用动词、名词； 2. 适当抖包袱，提升文章的可读性和趣味性

写作训练包含的三个技巧	抖包袱	GABA：用顿悟与哲理带出高潮
三个技巧分别为快速写作、宏观写作和微观写作。 快速写作注重写作速度；在进行宏观写作时，既要有观点，又要有故事。微观写作则更侧重于文字的运用能力，比如修辞手法的运用等。 内容创作基于两件重要的事情，即快速写作与宏观写作。内容创作的本质是探查人心，需要什么样的故事？故事究竟应该如何来编排？起承转合如何把握？人物角色该如何出场？什么地方要抒发情？内容创作会涉及很多心理学和脑科学知识	这个词源于相声界，意思是指写文章就像包一份贵重的礼物一样，要让读者在拆开一层一层的包装，打开一个又一个的蝴蝶结后，看到里面藏着的惊喜，但重要的并不是这个包袱，而是最后抖出来的东西，居然能够给人惊喜，这才是我们大脑所需要的。 制造惊喜很多时候需要我们学会幽默，幽默本质上就是一种特殊的惊喜，能够给人一种放松的感觉。书上的比喻特别精妙，"幽默好比蛋糕上的糖霜，冰激凌上的樱桃，王冠上的宝石，贝壳里的珍珠，只要我们在文章最后点点就可以画龙点睛"，所以我们在写文章时，也尽量多幽默些，时不时给人带来一点小惊喜，这样才更能抓住人心	GABA，γ-氨基丁酸，一种跟学习有关的神经递质。 在故事高潮要给出解决方案，表现为主角顿悟，让人有一种恍然大悟的感觉。 具体写作技巧：习惯性思考，故事想要告诉读者什么道理？每次写文章都要思考写作的意义，并在最后把意义点出来，引发共鸣

名词与场景白描	肾上腺素：人类情感的一种"生物能量"	多巴胺：给大脑"发糖"
能把名词关联到名词是场景白描的基础。具体来说，就是当我们想到一个作文题目的时候，不要着急写句子，而是先去构思关于这个主题或者场景可以扩展出来哪些名词。 作者举例，在小的时候，妈妈带她去任何地方都会问她，仔细看这里都有什么东西。在这样的刻意练习下，写作文的时候就会懂得如何从不同方面描述场景	"生物能量"是一个故事吸引人读下去的基础：如果你的故事不能让人"支棱"起来，就会令人昏昏欲睡。文字上的新手要先学会写"爽文"，也就是高激活，能让人"支棱"起来的文章。 四个步骤写一篇让人"支棱"起来的文章：第一步，制造紧张的氛围，引起感官紧张。第二步，危险出现。第三步，着重描写人物内心的紧张和可能出现的最坏情况。第四步，给出可能的解决方案，即希望，看到曙光	多巴胺激活的是阿片类受体，也就是吗啡类似物的受体。多巴胺是人类大脑的奖赏回路，如何给大脑"发糖"？ 具体做法：每几段就抖一个包袱，让读者读一段就有一个小高潮，明白一个道理，有一种高潮迭起的感觉。 特别注意：我们需要提前规划包袱在哪里，以及怎么抖

动词与画龙点睛	镜像神经元：激发代入感	催产素：终极的神经元鸡尾酒
写文章最重要的就是动词。 因为人的大脑对动作特别敏感，处理动作时激活的大脑区域与观察或者做动作时激活的大脑区域有重叠之处，所以我们听到动词就会想象动作。动词好比句子的眼睛，好的动词能够恰如其分地把几个名词连起来。动词当然是越具体越好，越形象越好，它能够帮助我们大脑更好地去想象动作	写作必须要激发代入感，也就是激发对方的镜像神经元，让他们身临其境：感你的感受，甚至想象你的动作、眼前的画面。 激发代入感的关键是描写核心体验。把抽象的感觉通过具体的描述构建出来，引发读者镜像神经元的响应，让读者置身于你描绘的世界。比如"竹外桃花三两枝，春江水暖鸭先知"	催产素会让大脑产生信任、共情、正向关系的记忆、忠诚、正向沟通等信息。这些信息不仅在爱情中普遍存在，在亲情和友情中也是普遍存在的。写作中，没有感情的故事没有代入感。 产生代入感的技巧：刻画人的言行举止、人的典型事迹、人的最真实的渴望

对于初学者来说,方格笔记看似简单,却容易产生一些误区。

1. 记录要点过多,信息过载

俗话说,贪多嚼不烂。

一篇读书笔记如果记录要点太多,反而会造成信息过载,甚至可能遗漏真正的重点。所以,用方格笔记法写笔记时,虽然没有特别规定要写几个知识点,但通常来说,9个就足够了。过少可能记录不全,过多则可能会造成信息过载,难以消化。

我们在梳理知识点时,切记只记录真正硬核的知识。

何为"硬核"?

我认为大概有三个标准:触动我们的好观点;从未听过的新知;能解决当下的困惑。只要符合其中一个标准,就值得记录。

总之,笔记的核心是记录真正重要的内容,控制好量,才不会变成对书本的复印。

2. 对知识点解释不够

做读书笔记不是为了走形式,而是要确保我们学有所得,在阅读上付出的时间和努力没有白费。所以,只要有阅读,有学习行为的发生,就应该有记录,但完成一篇优秀的笔记也要讲究方法。从书上梳理提炼出知识点后,需要依次对每个知识点进行解释。然而很多新人在刚开始做方格笔记的时候,要么不解释,要么解释不充分,或者随意解释。

那么,究竟该怎么解释呢?

把书上的重点知识梳理到方格笔记中,有两个重要作用:一是为了帮助自己理解,二是可以作为日后的写作素材。

作用一:帮助自己理解。

梳理出知识点后,我们还要把书上对相关知识点的解释或论述进行总结,可能是一两句话,也可能是案例。尤其遇到一些抽象知识,这一步就更重要了。

有理解才可能会有见解,有理解才可能会有行动。

当一个人对一个知识根本不理解的时候,是不可能延伸出自己的思考的,更别提运用了。

所以,思考和践行建立在理解的基础上,学会解释知识是一项重要能力。

作用二:积累写作素材。

所有的读书笔记都有可能成为日后的写作素材。笔记越翔实,作为素材的价值自然就越高。我平时的写作很多素材都来源于读书笔记。做好方格笔记,日后写作也会事半功倍。

3. 没有与自身建立关联

读书的意义在于促进自己成长。

方格笔记不仅要求提炼书上要点,还要明确如何应用。要点提炼完后,还要思考如何把书本知识为自己所用,让知识和自身产生关联。

比如在我读完张萌的《人生效率手册》之后，就尝试践行她的逐步早起法，以早起社群发起人的方式，帮助自己养成早起的好习惯，最终还带动影响了一群人。

另外，我还试着用过她在书中分享的康奈尔笔记法、18个礼物激励法、7个人物学习法等来提升学习能力，践行所读所学，从而让读过的书真正在自己身上起作用。

读了《思维改变生活》这本书，我也试着用过书上的思维驳斥法，当在生活和工作中遭遇不顺心时，尝试通过用笔写下自己的所思所想等方式，将感性冲动的思维变成更理性积极的思维，原本的消极悲观瞬间得到了扭转。

当我们不断地"用书"，书上的这些知识最终就紧密地和自己联系在了一起。读书不是为了读而读，是为了用而读，是为了改变而读。

我们从书中学习知识、经验和方法，用它们武装我们的大脑，纠正我们的行为，帮助我们一步步成为更好的人，这就是读书学习的最终目的。

第五节　快速阅读的秘密

就阅读这件事来说，理解很重要，但阅读速度也很重要。做阅读推广几年来，我发现很多人在阅读速度方面或多或少都有一些苦恼：

想要读书,但工作很忙,常常抽不出时间;把书买回家,但常常一放就是大半年……

包括我自己也是这样。刚开始读书写书评时,经常感觉时间不够用,好书看不完,输出频率达不到预期,然而,想要通过阅读实现更大的价值,还得靠写作,读完后需要把知识内化成文字,但如果阅读速度太慢,就会影响内容产出。

对于好学上进者来说,阅读速度慢,会成为精进路上的阻碍;对于内容创作者来说,阅读速度会影响内容生产力。所以,在把"读不懂"这个问题解决之后,我们还需要解决"读不动"的问题。

那么,怎样提高阅读速度呢?在学习快速阅读训练法之前,我们需要先建立三个正确认知。

快速阅读的三个正确认知

第一,人人都能学会快速阅读。

先给大家讲一个故事:

有个小孩因为童年时的一次意外摔伤了大脑,昏迷了几天几夜后才好不容易醒过来,命是捡回来了,但他的阅读能力却因此受到了损伤,原本读书对他来说并不是多么难的事情,从那之后,即便读一页书,也要至少花五分钟时间,和同龄的孩子相比,他就像是一个"笨小孩"。这个男孩为自己的缺陷深感自卑,即便后来完全治愈了,他依然认为自己比不上正常人。

整个求学时期，男孩的表现并不出色，而他也理所当然地认为，这是因为自己的大脑受过伤，阅读理解能力太差导致的。这种自我设限使得他在人生前二十年一事无成。直到开始做书评人，为网站撰稿，他不得已开始训练自己的阅读能力，从最初一页书需要读五分钟，到后面一个月能读近60本书，并完成近60篇书评，他才幡然醒悟：原来自己并不比别人差，甚至在读书写作领域，他可以做得很出色！

这个大脑摔伤的小孩，就是日后成为日本著名书评人、作家的印南敦史先生。

可见，学习快速阅读，首先要摒弃过去的观念，即认为阅读速度无法提高。如果有阅读障碍的人都能成为快速阅读者，那么我相信我们都能通过学习和训练提高阅读速度。

从意识上改变之后，还需要方法和技巧。没有人不能快速阅读，关键是能否摆脱逐字逐句阅读的观念和习惯。

第二，读书不需要把所有内容都记住。

有些人可能会质疑，读那么快，记得住吗？其实，无论多么仔细地阅读一遍书，到最后都会忘记绝大部分内容。试着回想一下，我们在上学的时候，读过很多书，而且读得也很仔细，经常还背诵、默写，到现在还记得多少呢？是不是就连一些简短且朗朗上口的诗歌，也都忘得差不多了？

所以，无论是快读，还是慢读，我们都无法记住所有内容，与其这样,为什么不一开始就读快一点,然后留下更多的时间用来思考和做笔记呢?读书的目的从来都不是"把100%的内容装进脑子里",而在于"邂逅1‰"的收获。即便到最后留在记忆中的只有一两句话,那也是获得。

第三,不同种类的书籍要用不一样的速度阅读。

阅读速度本身是一种能力,这种能力能否运用得当,取决于我们每个人根据实际情况的自由调配能力。比如阅读实用类、商业类书籍和阅读小说、散文类书籍就应该用不同的速度。前者的阅读目的通常是获取信息,适合快速阅读,后者的阅读目的更注重追求心灵的愉悦和情操的陶冶,适合慢慢品读。

阅读速度并不是一以贯之,而是需要我们根据不同的阅读目的、不同种类的书籍来调整。

对于同一本书的不同部分,我们也要学会调整阅读速度。

一本书通常有十万字左右,分成不同章节,但并不是每个章节都同等重要,所以阅读之前,我们要明确全书最重要的部分,以及对自己来说真正重要的部分,把更多时间花在重点内容部分,读这一部分内容时速度要慢一点,其他内容则可以加快速度。

这就好比开车,即便走的是同一条路,但难免有些路段遇到堵车或者路况不太好的情况,这就需要我们调整速度。阅读也一样,根据内容的重要程度不同,我们需要调整阅读速度,把握好阅读节奏,重要的地方精读,不重要的地方略读,甚至不读。

学会灵活调整阅读速度,才能在阅读过程中得到更多收获。

📖 提高阅读速度的两个妙招

了解了快速阅读的三个正确认知后,想要在提高阅读速度的同时确保理解力,则需要进行眼商训练,扩大视幅。

所谓"眼商",就是眼睛的视觉商数,也叫 EyeQ(Eye Quotient)。人的五大感官,也就是视觉、听觉、嗅觉、触觉、味觉,我们传递给大脑信息,更多的是依靠视觉。尤其在阅读的时候,文字等信息主要依靠我们的眼睛传递给大脑。

阅读研究人员认为,眼商的潜能与人的阅读能力息息相关。

EyeQ 越高的人,获取知识的速度越快,学习能力也越强。想要通过阅读快速获取知识,提升自己的能力,就得首先提升自己的 EyeQ 水平。在一些全脑快速阅读训练中,专业教练往往也是通过训练 EyeQ 来提升学员的阅读速度的。因为只有 EyeQ 水平提升,在快速阅读的时候,眼睛的视幅才更加宽广,从而捕捉到更多文字。

提升 EyeQ 潜能主要有两种方法:第一种是 Z 形阅读训练法。

Z 形阅读训练法的本质,其实就是视点做横向"Z"字形移动,如下图所示。视点是指人的眼睛在看物体或阅读时所看到的清晰点,也可以理解为眼睛的注视焦点。

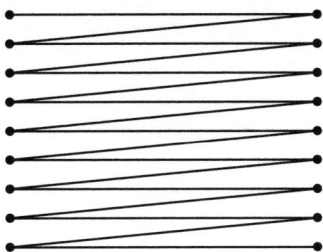

当我们进行 Z 形阅读法训练时,眼球必须聚焦在左侧黑点上,然后沿着横向线条迅速移动到另一个黑点,然后再顺着斜向线条移动到下一行的黑点,使眼球在黑点之间进行"Z"字形移动。Z 形阅读训练法能强化眼球的横向肌肉,增强眼球的灵活度,练习过程中,尽量不要眨眼睛。刚开始练习时,建议先对着没有文字的图练习一段时间,之后再对着书本练习。

我最开始也是逐字逐句去阅读,2018 年学习了 Z 形阅读法,就开始刻意地通过手指移动来引导视点,从而有效提高了阅读速度。原来一分钟只能看 250 字左右,坚持一个月之后,阅读速度提高到了一分钟 500 字左右。

这种方法看起来笨拙,但我认为,不管什么方法,只要容易学,而且有效果,它就是好方法。如果有同学读书速度慢,建议用这种方法,每天练上半个小时,一个月之后,就能看到明显效果。

提升 EyeQ 潜能的第二种方法是视幅扩展训练。

阅读时,我们会使用到眼睛的三个重要区域:视点、舒适区、余光区,如下图所示。

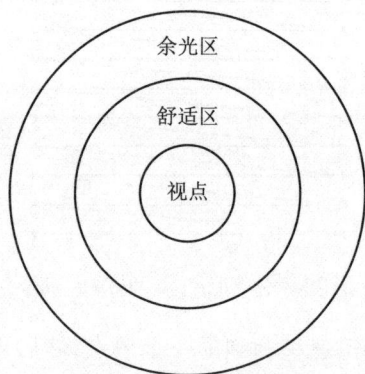

余光区

舒适区

视点

　　没有经过视幅扩展训练的人,阅读的时候多采用视点阅读,极少数人才用视点和舒适区相结合的方式阅读。在这两个区域范围内阅读,大部分人都能非常清晰地感知到书本中的句子。因此,视点和舒适区也被称为清晰区。

　　但是,要想提高阅读速度,我们就要训练余光区,扩大清晰区的范围,增强对余光区的感知能力,这样视幅才会真正扩大。

　　有两种训练方法,分别是方形嵌套训练和圆形嵌套训练,如下图所示。

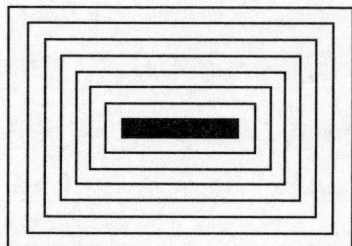

左手阅读,右手写作
从零开始打造你的读书IP

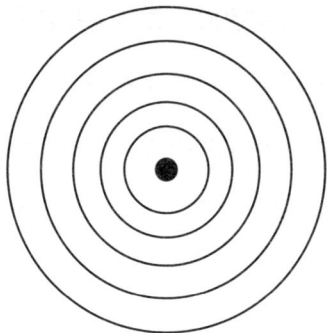

　　在训练的时候,当眼球注视方形嵌套或圆形嵌套中间那个黑色的视点时,不能只意识到视点附近四周,必须意识到嵌套整体。当我们余光中出现更大的方形或圆形的时候,说明视点向外扩展了,一层层向外扩展,直到达到最外层的方形或者圆形为止。在做这项练习的时候,眼球是不允许移动的。

　　长期练习下去,视觉的稳定性和定向搜索能力都会得到提高。这两种训练方法都非常容易操作,可以抓紧时间练起来。但是,在用快速阅读法阅读时,并不是所有的内容都用一样的阅读速度,重点的地方还是要放慢速度的,那么怎样判断哪些地方是重点呢?

　　根据信号词提示，快速抓取重点

　　一个小技巧就是,注意信号词,学会抓重点。

　　信号词能帮助读者对要讲述的内容做出预测,从而使读者及时调整阅读速度。

　　典型的信号词有"因此""于是""所以"等,这类有因果关系的词后面的内容与前面相关,阅读时通常更需要注意前面的句子。

此外,"可是""但是""只是"等代表转折关系的信号词,后面内容与前文相比,要特别注意后面的内容。

还有部分信号词预示着对内容的总结,比如"总之"等,看到这类词时,要特别注意后面的结论,前面的文字可以适当略读。

当我们理解了这些词释放的不同"信号",阅读过程中就会有所侧重,有详有略,这样,阅读速度不但得到了保证,阅读效率也会因此而提升。

学会快速阅读有很多好处。它使我们获取知识的速度变快了,学习效率也因此提高了。对写作者好处更多,写作离不开阅读,如果我们读得又快又好,写作无疑也会更高效。而且,当我们工作效率提高了,就会有更多的时间用于休息和娱乐,以及陪伴家人。

阅读速度提升的同时,一定要结合读书笔记进行输出,这样知识才会得到有效内化。

想要提高阅读速度,拥有一目十行的本领并非一日之功,需要我们长期训练才可以,但是阅读能力作为一个人的基础能力,拥有后一定会受益终生!

第六节　六个小妙招,筛选好书不纠结,省心又高效

读书也要断舍离。书海茫茫,每年出版的图书实在太多了。作

为一个专职读书人，即便我每天都在读书，家里依然囤积着不少没读的书，更何况，很多人只能利用工作之余来读。好书有很多，而我们的时间却是有限的。并不是所有的书都值得我们花太多时间去读，把有限的时间和精力花在那些真正值得阅读、对我们有帮助的书籍上，这样读书才能少走弯路。所以，学会选书，是我们读书路上需要学会的一个小本领。

关于怎样挑选合适的书籍，我给大家总结了两个原则，并结合自身选书心得总结了六个小窍门，首先，我们来看选书的两个原则。

选书的两个原则

1. 自己感兴趣

我们常说，兴趣是最好的老师。对于阅读来说，每个人都有自己的喜好和感兴趣的领域。别人认为再好的书，如果你不感兴趣，也很难读下去。

在读书之前，我们需要明确自己感兴趣的阅读领域，哪类书最吸引你，读起来最愉快、最有收获，说明你的阅读兴趣就在哪里。

如果不知道自己的兴趣在哪方面，那么可以去豆瓣或者当当等平台找一些不同类的书看看，看看这些书籍的相关信息，翻阅了解一下目录和主要内容，有些平台还可以试读一部分内容，比如微信读书。通过这些信息，你能够大概对书籍的主要内容和要点有一些把握和了解，看看自己被哪类书籍吸引到，说明你的兴趣可能就在那里。

这就好比当一个人对装修完全不了解的情况下,设计师给他方案,他说不出不好,但好像也谈不上喜欢,无法准确表达自己的需求。在这种情况下,他要么多去了解不同的装修风格,自己感受一下,要么找有经验并且非常了解自己喜好和品位的朋友帮忙参考。

总之,当我们对某个领域的知识和经验比较匮乏的时候,是很难做出适合自己的选择的。

所以我们可以借助各大与图书相关的平台,先了解一下自己的兴趣和喜好。如果喜欢文学,那不妨从文学开始;喜欢历史,那就读历史;喜欢心理学,那就读心理学相关书籍……从自己感兴趣的领域切入,让兴趣牵引着自己去阅读,相信你的收获会更大。

2. 对自己有用

如果平时没有阅读习惯,可能一时半会儿也不知道自己究竟喜欢读哪一方面的书籍,没关系,兴趣的产生主要源于两种情况:一种是天生兴趣使然,还有一种是因为产生了良性反馈。

所以,选书的第二个原则是学以致用。

从更实用、更现实的角度来选书,也是一个快速筛选好书的方法。比如说,作为一名销售人员,你希望提升工作业绩,那么就可以有意识地阅读一些销售类书籍;再比如,作为一名培训老师,你特别希望提升表达能力,因为这有助于你把工作做得更好,那么就可以读一些提升表达能力的书箱。

从现实需要的角度去读书,看似功利,却是我们成年人最有效的选书方法。如果你现在不知道要看什么书,那么我建议你看与自己行业、岗位相关的比较优秀的书籍。

了解了选书的两个原则并不等于掌握了快速筛选好书的方法,结合我的亲身经历和心得,向大家分享六个筛选好书的小妙招。

筛选好书的六个小妙招

1. 在"豆瓣"看评分和评价

"豆瓣"是很多文艺青年都喜爱的网站,在这个平台,有大量书籍、音乐、电影等信息。通过检索、查阅评分,以及查看他人的评价,我们能筛选到自己感兴趣的书。如果你有明确感兴趣的阅读领域,那么可以直接在豆瓣读书页面查找感兴趣的书,一般来说,评分 8 分以上的图书一般都还不错。

如果想要了解更多信息,也可以看看图书页面的内容、目录介绍,以及其他读者的短评,这些信息也能帮我们判定这本书到底是不是自己想要的。

2. 参考购书网站书籍信息

当然了,我们还可以去一些大型购书网站挑选,比如当当、京东等网站。我们可以查看榜单,也可以输入关键词来搜索。当查到一本具体的书时,我们可以用扫读的方式快速查阅书籍相关信息,比如营销文案、目录和序言,根据这些信息评估这本书是否是自己需要的书籍。

总之,互联网时代,我们一定要学会借助发达的网络尽可能了解更多的书籍信息,这样才可能高效筛选出自己想要的书籍。

3. 微信检索书单

微信是我们每天都在使用的社交软件,其实,微信不仅有社交功能,它还是一个庞大的信息池。在微信搜索框输入"书单",你便能很快检索到各种各样的书单,通过阅读这些文章,相信你可以找到自己感兴趣的书。

当然了,如果你有明确的阅读方向,也可以在搜索框中输入"关键词+书单",这样检索出来的书单可能会与你的兴趣更契合。

微信检索书单还有一个比较大的优势,那就是这个平台不仅能够检索出微信生态的内容,还能够检索出其他生态的内容,比如知乎、搜狗、小红书等平台的信息也都能在微信检索到,这无疑扩大了检索范围,也更容易帮我们找到值得阅读的好书。

当然,如果你不想通过这些方式去找,那也可以去"微信读书"找,这里会有很多书友分享的书单,还有排行,非常方便。

在微信读书 App,找到首页的"书单",点击进去,会有今日书单和书单榜,我们可以参考"推荐值"来选书。

4. 借鉴读书达人或者读书自媒体分享的荐书信息

如果大家平时有在自媒体阅读的习惯,就会发现无论是在豆瓣、公众号、小红书,还是在知乎,这些平台都有一批专门推荐好书的读书达人和读书自媒体。这些读书达人们要么以读书为副业,要么是全职的读书人,在阅读方面,他们比普通人更有经验。

左手阅读,右手写作
从零开始打造你的读书IP

那么,怎么找到这些读书达人呢?

我经常用的方法是检索关键词。比如在公众号、豆瓣检索"读书"或者"好书推荐"等关键词,就能找到很多读书类账号以及荐书文章,从中筛选出自己喜欢的并长期关注,阅读他们的读书分享,也会有所收获。

5. 加入读书会,组队读书

现在各种读书会不少,线上和线下的都很多。如果想要读书,但又不想花时间找书,那么加入读书会是一种不错的选择。读书会的发起人通常都是一些读书爱好者,或者读书达人,在选书上有比较丰富的经验,他们会根据不同人群的阅读需求制定不同的书单。与此同时,也会提供一些实用的阅读和写作方法,帮助参与者建立阅读习惯,提高阅读效率。决定加入读书会前,可以先看书单,如果对发起人选出的书籍感兴趣,价位合适,也可以考虑加入。

6. 延伸阅读

最后再给大家推荐一种好用的选书方法:延伸阅读。如果你们平时阅读仔细留意过就会发现,作者有时会提及其他书籍,并引用这些书里的知识点,如果多次提到,说明这本书具有比较高的阅读价值,在作者的阅读经历中有比较重要的意义。

总之,读书要以自己为主体,以书为客体。究竟读什么书,不是书说了算,也不是别人说了算,而是你自己说了算。

真正有效的阅读一定要充分发挥主观能动性,阅读之前,第一个主观能动性的体现就是要懂得为自己筛选好书。

第二章

阅读输出力：内容高手的第一个本领

第一节　会读更要会"晒"："晒读书"的
五种方式

有一次,学员晶晶在社群跟小伙伴们分享了一个好消息:因为在读书会表现不错,她被一家机构邀请成为合作讲书人。

晶晶做全职宝妈多年,两年前曾经跟我学习过,今年年初又选择了回炉重造,来到读书营,跟着大部队一起读书学习。

半年以来,除了每天在读书营读书打卡外,她还时常把自己的读书心得分享到朋友圈,并且得到了不少"赞"。

就在 2022 年 6 月,我邀请她一起直播连麦了两次,每次直播,她总能落落大方,侃侃而谈,令众人羡慕不已。晶晶的精彩分享吸引了线下读书会主理人的关注,这位主理人邀请她进行线下分享。就是这次分享,晶晶再次得到了肯定,对方希望她能作为合伙人加入读书会。

谁能想到,一个全职在家多年的宝妈,如今竟然因为读书探索到了新的职业方向?

我想,晶晶的经历给许多致力于做读书 IP 的小伙伴们一个启示:在这个时代,爱分享、爱表达的人会获得更多机会。

如果你爱读书,会读书,那么要勇敢把它"晒"出来!

有人可能会说:"晒读书?多不好意思。"

千万别不好意思,笑微能从一个普通的读书人成为如今影响

5 000多人读书写作的阅读推广人,把读书做成事业,和我一直以来勤于分享(晒)息息相关。

那么,我们可以通过哪些方式"晒"自己的读书心得呢?

📖 以图文形式在小红书和朋友圈"晒"读书心得

很多小伙伴都有读书写笔记的习惯,尤其跟着我学习读书写作的同学,但如果仅仅用来打卡交作业,未免有点可惜。

读书笔记和其他产品相比,最大的区别就在于,它是有复用性的。所谓复用性,是指我们可以把它用在多种场合,甚至转化成多种形式,从而放大它的价值。

举个例子。同样一篇文章,分发在多个不同的平台,相当于影响力放大了很多倍,收益也有可能放大多倍。同样,一篇三五百字的读书笔记,如果除了打卡交作业,你还把它分享到了朋友圈,是不是也有助于在朋友圈提升影响力呢?

因为持续在朋友圈分享读书心得而在职业上获得肯定和机会的小伙伴比比皆是。

乐梦同学在一家国企做绿化工,平时的工作就是给花锄草、浇水、施肥。自从读书写作以来,她经常把读书心得分享到朋友圈,时间久了,领导关注到竟然还有这么一位上进好学的员工,刚好单位内刊需要撰稿人,于是建议她为内刊写文章。后来乐梦告诉我,他们单位的绿化工作很快就要外包,她即将面临职业转型。我鼓励她,不如直接挑战去通讯部工作,这样不仅可以做自己喜欢的工作,而且待遇也会更好。

一个热爱读书学习和分享的人,未来一定会有更多的机会。

试想,如果乐梦只是自己默默地读书写作,领导又怎么会知道她有这方面的能力呢?

这两天在读 Tina 的新书《人生重启手册》,里面有这样一个观点:很多人在职场混得不好,不是因为他的专业能力不行或者不够努力,而是因为知道他的人太少了。你很厉害,但是别人看不到你很厉害,就很悲哀。

如果你真心热爱读书,认可阅读的价值,并且未来希望像我一样做个阅读推广人,那么,就一定要勇敢分享。

这是一个阅读推广人的基本素养,也是我们的使命。

从朋友圈或小红书开始,把自己的读书所得、所思、所想分享出去,配上恰当的图片,相信我,你的分享一定会吸引来与你同频的人,以及好的机会,甚至资源。

📖 在社群进行读书分享

社群分享也是"晒"读书心得的一种常见方式。

现在各种读书交流群特别多,和同频的人在一起分享你的读书心得,不仅能够收获一群志同道合的朋友,还可能为自己赢得更多合作机会和资源。笑微做阅读推广以来,一直有去社群做读书分享的习惯,每一次阅读分享既是和同频者们进行思想碰撞的机会,也是一次链接资源和提升人际关系的机会。

一次,在一个朋友的读书群做完分享后,反馈效果特别好,有将近 30 人加了我,其中有 3 人后来报了我的读书营,选择跟我学习读书写作,还有一个成为我特别好的朋友,在自媒体方面,她给了我很多很好的建议。

那么,如何做好一场读书分享呢?

我的建议是,每一次分享都是自我展示的机会,一定要认真对待,用心准备。

比如,提前一周想好要分享哪本书? 主题是什么? 有哪些亮点? 对听众可能会产生哪些帮助? 是否可以结合生活和实际工作通俗易懂地分享给他人等。如果在分享前能够围绕这些方面设计准备内容,相信读书分享一定会做得很好。

社群分享可以以语音的方式来进行,也可以是文字形式,甚至现在也有不少人采用腾讯会议的方式。无所谓形式,但都需要我们在分享前做必要的准备。

在这里我想强调一点,千万不要相信临场发挥,有备而来,心中不慌,这也是对期待听你分享的人最好的尊重。

以短视频形式荐书或分享心得

短视频是近些年非常火爆的内容形式,很多行业专家预言:短视频至少还有 3～5 年的红利期。

对于阅读推广人来说,推广阅读是我们的使命,要把阅读更大范围地推广出去,必然要学会选择合适的平台以及形式。

图文时代,我们写一篇图文书评发到公众号、今日头条,时常能斩获几万甚至几十万的阅读量,但是自 2020 年以后,这种情况已经很少见了。

顺势而为,是成事的核心秘诀。

所以,从 2020 年 7 月以后,我开始探索短视频荐书,分享读书心得,20 天就接到了付费合作,后来也陆续接到了一些出版社、图书公司、杂志社等的推广工作。

做短视频分享的经历让我切身体会到了选择比努力更重要。要让更多的人看见你,就要站到风口浪尖上,而不是躲在谷底。选择正处于红利期的平台进入,选择当下大家喜闻乐见的内容形式,这才是脱颖而出的关键。做内容的人尤其不能太过执着于自己的喜好,而不去关注时代潮流和读者的需求,"自嗨"是吃不了内容这碗饭的。

2022 年,我做了两期短视频读书博主训练营,每一期都涌现出了一些热衷于分享的学员。

比如豫见,短短一个月就成为签约短视频的博主,通过在视频号等平台分享读书心得,被越来越多的人关注。

还有云儿,是一个生活安逸、家庭幸福的"70 后"。前二十年,她一直辛辛苦苦在职场打拼,加上擅长投资理财,原本生活已经不成问题,但她喜欢挑战各种新鲜的东西。两期读书博主训练营她都参加了,第一期入门,第二期突破,她的短视频从文案、剪辑、画面,甚至妆容、着装等各个小细节都有了不小的进步。整个过程中,收获的不仅有实战技能,源源不断的正向反馈也给了她极大的信心和能量。

现在的云儿容光焕发,内心富有能量,热爱读书,更热爱通过短视频推广读书。

我相信,热爱分享的云儿、豫见,还有许许多多致力于用短视频推广阅读的小伙伴,今后一定会迎来更多绽放的机会。

以直播形式分享知识

如果你渴望尽快建立读书IP,打造影响力,让更多的人看见你,直播无疑是当下最适合你的方式。

和图文、短视频相比,直播的互动感更强,也更容易获得信任感。

通过直播分享你的读书心得,让更多人知道你爱读书、会读书、乐于分享知识和方法,只要努力坚持,就会有越来越多的人看见你,并慢慢信任你。

罗振宇曾在"罗辑思维"年会上说过一句话:"每个行业的红利,都将向善于表达者倾斜。"

学会表达,习惯表达,是阅读推广人的必备素养。

写作是表达,短视频是表达,直播更是表达,而且是更高阶的表达。

自媒体从图文时代过渡到短视频＋直播时代,沉淀了这么些年,给了很多会写作的人脱颖而出的机会。作为新人,如果要去比拼写作才华,这条赛道未免有点太挤。所以不妨换个思路,不去和别人比拼多年积攒的实力,而利用别人的短板去超车,这样也许更容易胜出。

比如说,很多自媒体作者也许写作很厉害,但直播能力未必很强,毕竟出镜和不出镜需要不同的能力。如果你在公众表达方面有优势,那么直播就是当下最适合你的赛道。这就好比别人写作能力90分,直播能力40分,如果你直播能力75分,写作能力60分,那么论综合实力,你超过一个写作厉害的人并不难。更何况,你的直播能力更强,这种外显的才华其实更容易快速获得好感和信任。

其实,每个人都是有潜力的,但终其一生,大多数人所释放的潜力不足原本所具有的10%,而那些在各行各业有所成就的,绝大多数都很好地把自己的潜力发挥出来了。

抓住时代机遇,把自己擅长的事情做好,每个人都能闪光。

以阅读专栏形式"晒读书"

如果你是一名资深读书爱好者,且写作很优秀,那么不如尝试把自己的读书心得完善成一篇篇文章,然后整理成一个合集产品挂在自媒体平台售卖。

比如,在今日头条可以开通专栏,把文章上传设置付费,只要内容不错,就会吸引同频读者阅读并为你付费,这是不是一种更高级的

左手阅读,右手写作
从零开始打造你的读书IP

"晒读书"的方式呢?

很多平台都可以实现这个功能。比如微信听书、喜马拉雅,不过这些平台需要把文字录制成音频,然后做成专栏形式。

总之,用产品思维来"晒读书",相信你的阅读影响力定会变得更大。

无论是图文、短视频,还是直播,我想,对于渴望有所成就的阅读推广人来说,最重要的是结合自身所长和热情,同时跟上当下流行的内容形式。

爱读书,更要勇敢地"晒读书",努力把知识和思想传递给更多人,也让阅读真正为你的人生赋能!

在成为一名知识付费讲师之前,我只是一名普通的自媒体人,因为坚持在头条、知乎等平台分享了一年的读书心得和写作干货,慢慢有了一些读者表示想要跟我一起读书写书评,这才做起了阅读写作训练营。

当读者看到一个博主每天都在分享读书心得,他们会从你的分享中收获许多干货和思考,时间长了,就会对你产生认同和欣赏,进而萌生想要跟你学习的愿望,这便是信任逐渐建立的过程。

微信朋友圈是目前重要的私域平台之一,如果你想打造一个读书 IP,把读书变成副业,甚至事业,不如从成为朋友圈里的阅读达人开始。

想要成为朋友圈的图书"种草"达人,首先你要做一个爱读书的人,每天坚持分享读书心得,努力让朋友圈里的人喜欢你、信任你。

有些小伙伴可能会说,天天在朋友圈嘚瑟,招人讨厌怎么办?

我认为最好的回击方式就是长期做。

你分享个三五天或者一两个月,别人可能会觉得你在显摆,但坚持半年或一年呢? 这时候,他们一定会佩服你。

长期坚持做一件事,本身就是一件很酷的事!

所以,在读书写作的路上,要努力让自己成为一个长期主义者,这是让自己变得更好的关键。在打造读书 IP 的路上,做一个长期主义者,你才可能逐步实现财富和影响力的双重收获。

第二节　朋友圈"晒读书"的三种方法

朋友圈影响力很大,如何在朋友圈"晒读书"呢? 主要有下面三种方法。

清单式分享

所谓清单式分享,是指主体内容来源于书籍摘录或者内容提炼。读书过程中,书里总会有一些特别触动你,让你感觉很有收获的金句或者干货,把这些金句和干货收集提炼出来,发在朋友圈,再配上好看的图书实拍图以及购书二维码,有时候也能吸引人购买。这是一种最简单的方式,但也是一种有效的带货分享。

清单式带货分享主要分为两种:第一种,摘录书中金句;第二种, 干货式。

第一种,摘录金句式。

摘录金句式带货文写作关键有两点:

第一,摘录的内容要足够引起他人情感共鸣;

第二,配图要能吸引眼球,好看的配图也是成功转化的关键。

自媒体时代,颜值就是生产力,好文案还要配上好图片才行。

【案例】

如果要推荐一本婚恋指南,你会推荐哪一本?

这两天在阅读婚恋心理专家周小鹏老师的《婚姻不将就》,收获 颇丰。

周小鹏老师认为,婚姻中大多数问题并非原则性问题,根源在于 个人的心理需求没有得到满足。

经营幸福婚姻的秘诀在于看见自己的真实需求,洞察对方的真 实需求,并学会相处的艺术。

书中不少句子更是令我深受启发,分享给你:

1. 婚姻无法定义你的生活,但爱的能力可以。

2. 如果个体在婚姻中爱而不能,求而不得,那么再繁华亮丽的 婚姻,最终都会失去灵魂。

3. 好的婚姻都自带成长属性,双方步调一致向前进,才能成为 彼此眼中更好的另一半。

4. 让爱意消失的罪魁祸首,是这段关系中两个人自我的束缚和压抑。

5. 经营不好婚姻的人,在其他关系上也可能无法游刃有余,应对自如。

这是一本累计阅读量破2亿人次的高质量婚姻手记,全书内容基于2 000多个家庭的咨询经验总结,论述了影响婚姻幸福感的五大议题,包括界限、沟通、婆媳关系、背叛和金钱。每个议题都与我们的幸福息息相关。

高质量的婚姻,必然要敢于经历更深层次的成长。

不逃避问题,不将就婚姻,不辜负人生。

希望你我都能通过阅读此书,收获久处不厌的秘密。

第二种,干货式带货文。

这类带货文写作关键有两点:第一,内容要有料,要从读者角度出发,提炼对他们有帮助的干货;第二,内容要简洁,列举干货时,最好提炼出3～5条干货内容,并且用通俗易懂、简短凝练的语言表达出来。

清单式带货文看似采用了部分剧透的方式来写作,但只呈现了书本内容的冰山一角,所以读者读完后会有一种被吊胃口的感觉,这样便激发出了他们的阅读兴趣,从而吸引他们下单。

📖 读书心得分享

会读书的一个标准之一,就是会写读书心得。

读到某句话或者某个知识点感觉特别有收获时,可以把自己的理解写下来,然后再围绕书籍谈谈自己的收获,适当介绍书籍的卖点和阅读价值。评论区如果有人向你要购买链接,你再把链接放上去。

具体写法:

第一步,摘录或者提炼书中的某个知识点或者观点。

第二步,重述。用自己的话解释以上观点或者知识点。

第三步,围绕书籍谈谈你的阅读收获。适当介绍卖点,比如适合哪类人群,有哪些独特之处等。

作为一名阅读达人、读书博主,建议大家在朋友圈分享时,最好能做到系列化输出,比如每次发布心得时,能够带上"♯话题♯"打卡。我每次在朋友圈写读书心得都会带上话题"♯笑薇读书打卡♯"或者"♯笑薇人生关键词:阅读、分享、自由♯"。

带话题的作用在于,对内,它能有效引导和督促我们围绕自己的定位坚持输出;对外,也是强化阅读达人这一人设的小技巧。长期坚持分享是建立信任感的加分项。

此外,在朋友圈分享心得还要带上图片,把购书二维码放上,配图要做到能够吸引眼球,必要时在评论区放上购书链接。如果有人看完你的文案后对书籍产生兴趣,说不定就直接点击链接下单了。

我之前写过一篇带书文,这篇带书文分享的是读完此书我的感受和心得,比如"能帮助新手快速了解小红书""有各个领域的案例分析,新手照着学、跟着走就行"等,后面又用"太好用了!新手运营小红书的及时雨""只要 40 块就能买到",总的来说,把书的卖点介绍得很吸引人,向潜在顾客传递出了此书特别实用、值得购买的信息。

【案例】

秋叶大叔团队的这本《小红书运营》太好啦!

它是我近期看的小红书工具书中对我帮助和启发最大的一本。

它不仅能帮助新手快速了解小红书这个有点矫情,又让人无法舍弃的"女神"自媒体,还有各个领域的案例分析,无论哪个领域的素人博主,都能找到优秀且具体的对标,照着学、跟着走就行。

这本书真的太有用了,简直就是新手运营小红书的及时雨!

然而,这么好的书却只要 40 块,如果你也想做或者正在做小红书,可以买来学习下。

#笑薇人生关键词:阅读、分享、自由#

"种草"推荐

和前面两种方法相比,这种分享更像带书软文。具体怎么写呢?

最推荐的写作方法就是痛点引入法。

比如要推荐一本儿童时间管理的书,你可以这么写:

开头引入痛点:孩子做作业总是磨磨蹭蹭怎么办?

正文"种草"植入:前天读了一本书,书里讲了很多帮助孩子管理时间的小技巧,这里先向你分享一个……亲测有效,如果你家孩子做作业也经常磨磨蹭蹭,没有时间观念,那么这本书会对你非常有帮助。

配图并把购书二维码放上就可以了,注意图片要漂亮美观,吸引人。

要想写出一篇能成功带货的方案,考验的不仅仅有文笔,还有作者的商业洞察力,需要作者能够精准地判断一本书的阅读价值和意义,从读者的痛点切入,抓住读者的焦虑点,然后向他们精准传递书籍的阅读价值,最终打动读者购买图书。

还有一种"种草"方式也很好用——IP背书。

如果你要推荐的这本书有众多名人或行业专家背书,或者有权威机构背书,那么在文案开头,你可以采用借力专家或者权威机构流量的方式直接引入,然后再介绍这本书的内容亮点、作者情况,最后附上图书购买二维码图片,以便读者轻松获取。

【案例】

你是否在原生家庭受过伤?

别担心,虽然我们无法选择原生家庭,但可以通过阅读走出痛苦!

推荐一本家庭疗愈好书——《重启人生:如何走出原生家庭阴影》,这本书得到了众多心理学专家的鼎力推荐,比如沈家宏、丛非从、韦志中等。

武志红老师也曾为此书背书:

"父母和我们的原生关系,最终被我们内化为'内在的父母'和'内在的小孩',并且最终构成我们人格的基础,影响我们与父母以及其他人的人际关系。"

与父母关系越好，往往其他人际关系也会更和谐，所以，与父母和解，就是与世界和解。

而和解的秘诀，就在这本书中。

如果你一直受到原生家庭的不好影响，它令你深感痛苦、困惑，并且影响了你的正常生活，那么这本书就是为你量身定制的。

金尚老师潜心 20 年的研究成果，10 000 人亲测有效，相信也一定可以帮到你！

IP 背书型文案通过大 IP 推荐有效唤醒了读者的购买欲。

在朋友圈写图书带货文注意内容不要太长，300～500 字就足够了，太长内容会折叠，效果会大打折扣。

第三种"种草"方式：畅销背书。

这类文案主要通过晒图书出色的销售业绩激发读者的购买欲，从而实现转化目的，比如"畅销 100 年，强烈推荐这本英文文学名著""两小时卖出 3 000 本！刘润老师新书《底层逻辑》最后 100 本限时抢购""直播 2 小时，卖出 1 000 本，关于学习方法，读这本书就够了"。

这类文案具体怎么写呢？

第一步，抛出话题并提问。

"长期生活在阳光下，难免会忘记这个世界还有很多不被正视的苦痛。原生家庭带来的伤害，难以言说，却最隐秘深远，也最需要被治愈。"这两句话带出了文案想要探讨的主题，跟所推书籍紧密相关。

紧接着提问："如果一种伤痛无法为外人道，那还有治愈的方法吗？"

给出回答："有。那就是阅读。"然后简单补充论据佐证。

第二步，引出书籍，介绍书籍销量。

接下来正式介绍要卖的书和作者，以及这本书的特色、作用以及畅销情况。比如，"它是一部振聋发聩的家庭心理疗伤经典作品""不仅能让我们正视原生家庭带来的伤害，更教给了我们诸多自救的方法""出版以来长期雄踞《纽约时报》图书排行榜榜首，全美销量超200万册，被译成15种文字，畅销全球"。

第三步，继续"种草"，引导下单。

引用名言"幸运的人，一生都在被童年治愈；不幸的人，一生都在治愈童年"，并继续强调原生家庭带来的负面影响危害之大，"原生家庭带来的伤痛就像黑洞一样，会毫不留情地吞噬掉你所有的快乐"。最后一句话引导下单，"打破原生家庭桎梏，治愈心理创伤，这本书建议买回去往'烂'读！"在评论区放上购买链接。

图书带货文区别于新媒体书评、拆书稿等图书类文稿写作，作为具有商业性质的文案，图书带货文有自己的特点，那就是激发读者购买欲，吊起读者的胃口，让他们心甘情愿地在你这里"拔草"。

从商业角度来说，如果说新媒体书评、拆书稿的写作效果是"种草"，那么图书带货文的效果就是"拔草"，读者在你这里"拔草"了，你的文案也就成功了。

通过持续输出有料的内容,让别人相信你是这个领域的达人,你的读书人设就建立起来了。

第三节　小红书笔记,让你成为一名
会赚钱的阅读博主

近年来,越来越多的人都想成为一名小红书阅读博主,在读书写作的同时,还能把小红书账号做起来,增加一些收入,也算是一举两得。

那么,成为小红书阅读博主究竟能带来哪些价值? 我们可以输出哪些内容? 又有哪些方法和要求呢?

做小红书阅读博主的三个理由

通常来说,选择进入一个平台,当然有主观因素,但更离不开客观因素的考虑。客观讲,之所以选择进入小红书平台,主要有三点原因:

1. 趁红利期抓紧卡位

就自媒体平台的发展来说,每个平台都有红利期、微利期和无利期。作为内容创作者,我们需要做的就是选择适合自己的平台,然后抓住红利期迅速卡位,野蛮生长。

2018—2020 年,很多作者都抢着去头条号发展,因为那时正值

"头条"的红利期,流量、奖金都非常多,最容易赚钱,也最容易起号。像我能够把自媒体和知识付费做起来,也是因为那时候无意中占到了一波红利。

但随着平台的不断发展,作者越来越多,平台流量越来越少,头条号已经成为一个非常成熟的内容生态,后进来的作者能够分到的红利日渐微薄。

有道是,东边不亮西边亮。

做自媒体永远不怕没机会,平台这么多,总有新平台崛起。这两年,最值得知识博主们探索和发展的就是小红书了。

据官方数据发布,2022年小红书日活用户达到了2亿,庞大的活跃用户为这个"种草"平台带来了巨大的商业价值。虽然小红书最初从美妆品类起家,但如今,随着平台的发展,它已经成为一个全品类的"种草"社区,美妆、穿搭、母婴、图书等各个垂直领域都有了不错的发展。

说到这里,有些小伙伴可能会担心,现在进入会不会有点晚?

我给大家讲一讲我的亲身经历。其实早在2020年,就有一些自媒体人向小红书发力,那时候我也注册了账号,但并没有花心思经营。直到两年半以后,我才从训练营带学员的忙碌中抽出身,重新审视做小红书的意义与价值,后来决定一定要把小红书账号做起来。

在2022年8月底,我新孵化了一个读书账号,两个月后开通了品牌合作人，收获了很多合作机会。仅仅四个月时间，我的读书账号已经吸引了近 5 000 名粉丝的关注。

而我之所以决定发力小红书，主要因为两件事：

<u>第一件事，因为一条推书视频，我的文章发表在了权威杂志上。</u>

2022 年世界读书日，我发布的一篇书评荣登全国妇联主管的杂志《婚姻与家庭》。这个机会正是来自我发布在小红书上的一条推书视频，这条视频获得了编辑的青睐，进而编辑联系到了我。

其实，当时我的小红书基本处于没有打理的状态，作品都是助理在后台同步过去的，账号我平时也很少运营，以至于编辑因为没能及时联系到我，在各个平台，比如简书、公众号等，都给我留了言。

然而，就是这样一个没粉丝、没有影响力的小号帮我链接到了权威杂志社的编辑，并且还在世界读书日发表了纸媒文章，这足以说明小红书平台的优质，同时也向我传递出一个重要启示：<u>小红书不仅是一个美妆穿搭平台，更是一个内容人必须要布局的自媒体平台。</u>

我从 2020 年开始做读书推广，那时候跟出版社合作，大多都要求写书评发头条号、豆瓣、公众号等平台。

但 2022 年，出版社和图书公司基本都要求博主把笔记内容发在小红书上，小红书平台的内容数据是他们比较看重的，而且发布在这个平台的笔记，只要有爆款，作者还将获得现金奖励。这再次说明了小红书的价值。

基于这两件事,我坚定了发力小红书的决心,并非常相信小红书还在红利期,素人也能在这个平台收获肯定、机会与无限可能,后来我和学员在这个平台拿到的成果也说明了一切。

所以,当下我们需要做的就是趁着平台还有红利期,快速进入,精准卡位。

2. 接到源源不断的免费纸质书

成为小红书阅读博主后,只要你的内容还不错,就有机会收到出版社和图书公司的赠书。前期在自己影响力不够的情况下,通常是以置换的方式合作,比如送你一本书,在规定时间内,你需要在小红书发一篇 1 000 字以内的笔记。

虽然初期不一定会有收入,但书籍本身也有成本,相当于省下了买书钱。如果你是一位特别爱读书的人,一年下来,不仅能收到几十本免费纸质书,还帮助自己实现了个人成长,何乐而不为?

目前,我们团队已经有很多小伙伴因为在小红书平台发表读书心得拿到了免费赠书,实现了读书自由,好书读不完。对于爱读书的人来说,这无疑也是一个非常好的福利。

当然,只要你继续坚持做阅读博主,持续输出优质内容,那么付费合作是迟早的事。随着粉丝增长,账号价值越来越高,慢慢地,你也可以为自己的笔记设置报价,进行付费合作。

学员木尧 2022 年上半年开始做小红书,但做得有一搭没一搭,粉丝一直在 1 000 多徘徊,接到最多的合作就是出版社的图书置换。

2022 年 7 月底之后,她开始重点发力做小红书,在认真更新两个多月后,粉丝接近 4 000 人,随后每篇笔记的合作费用也达到了400 元。

现在,木尧不仅因为在小红书平台持续输出优质内容拿到了源源不断的免费赠书,还能接到付费笔记合作,这对于一个刚起步的博主来说,已经是非常不错的成绩了。

所以,如果大家想要拥有读不完的免费赠书,并在此之余开启一些新的可能,那么做小红书阅读博主就是不错的选择。

3. 创作门槛低,最适合普通人做副业探索

相比其他平台,小红书非常适合素人起步。内容输出难度不高,能够写 1 000 字左右的笔记,稍微掌握一些图片制作技巧,能够做到持续阅读和分享,那么大概率是可以在小红书平台收获惊喜的。

很多人一开始虽然只是兴趣分享,但随着投入的时间越来越长,就真的成功打造出了自己的副业。

我有一位学员叫潇潇姑娘,她很爱读书,2021 年下半年加入我的读书营。学习期间,她开始尝试做小红书,把平时的读书笔记稍做修改发到了小红书平台。没想到的是,三个月以后,她成为拥有五千粉的小红书阅读博主,顺利进阶为小红书品牌合作人。现在,持续在小红书平台分享了一年多的她早已成功把兴趣变成副业,在小红书平台掘金超过六位数,运营自己的小红书账号已经成为她的靠谱副

业,带来的收入比主业还要高。

还有一位退休学员,2021 年下半年开始做小红书,她根据自己退休后的生活状态,结合读书来做阅读分享,不到两个月,就开通了小红书品牌合作人,不仅打开了靠做自媒体实现收益的可能,而且让自己的退休生活更加丰富有趣。因为坚持在小红书做读书分享,她心态平和,不焦虑、不着急,很多粉丝都称她为"小红书读书博主的清流"。因为做小红书,她探索出了一种充实、有成就感的退休生活方式,也收获了一条靠谱的副业之路。

总之,只要你热爱分享,能够持续输出有价值的内容,那么终有一天你会得到平台给予的回报。

📖 阅读博主常用的两种内容输出形式：读书笔记和书单

在小红书做阅读博主需要掌握两种基本的内容输出形式:读书笔记和书单。读书笔记针对的是单本书的分享,书单则是针对多本书,通常是三本以上图书的读书心得的分享。

无论是单本书的分享,还是多本书的分享,无外乎都是结合书中内容给自己带来的思考、收获和启发进行个性化分享,通过分享引起读者共鸣,向他们传递价值。

如何写好读书笔记?

小红书读书笔记看起来简单,但要想写好,尤其写出一篇爆款笔记,也需要多花点心思。在研究了近 200 篇读书笔记后,我发现优秀的小红书读书笔记是有规律可循的：

第一步，简单讲述自己的阅读感受，告诉读者这本书是否值得阅读。

第二步，结合书籍主题，概述这本书讲了什么。如果是小说，那么简单介绍下故事梗概；如果是认知类书籍，那么介绍下主要内容或者核心知识点。

第三步，这本书给你带来了哪些收获和思考？可以总结 3～8条。建议结合自己的工作和生活实际情况来写，这样写出来的读书心得更真实，更容易引发共鸣。

我很喜欢的一个阅读博主"散步的羊"在小红书上有一篇标题为"豆瓣 9.7 分：直面你内心不敢面对的事"的爆款笔记，这篇笔记介绍的是美国剧作家米勒的《推销员之死》，开篇介绍自己读完这本书的感受。比如"令人窒息""脑海自动上演剧情""差点错过"等，充分说明书的内容非常精彩。

开头仅用一两百字就为这本书做了一个精彩的介绍，让读者对此书充满了兴趣，然后介绍书的主题和故事梗概，并提出自己的观点：每个人都试图为自己的生活想象一种合理性，去逃避你不敢面对的事。最后再次重申此书的阅读意义和价值，即对人性的揭露：短短两幕剧将藏在冰山下的种种人性毫无保留地暴露出来了。

如果是干货类的书，那么在写读书笔记的时候，可以用"清单体"

左手阅读，右手写作
从零开始打造你的读书IP

的方式把书中的干货提炼出来,然后结合自己的理解和实际生活来展开。

在小红书做阅读博主,除了可以输出读书笔记外,还可以写书单,也就是多本书的介绍。在小红书平台,和单本书"种草"相比,多本书的合集类内容,有时候更容易成为爆款。

2022 年 8 月,我在小红书新孵化了一个读书账号,内容主要以发布"种草"书单为主。这个账号在短短三个多月便产生了 12 篇 500 赞以上的小爆款,1 000 赞以上的大爆款也有三五篇,这些爆款书单为我带来了近 4 000 个粉丝。

那么,小红书书单究竟怎么写才容易出爆款呢?结合自己的创作经历,我为大家总结了四步:

第一步,找到一个"扎心"的主题。

无论是一篇几千字的长文,还是一篇几百字的笔记,都需要有明确的主题,同时,这个主题越"扎心"越好。

比如,我有一篇近千赞的书单,标题是"从直肠子到高情商,我读烂了这 6 本书",虽然这篇笔记只介绍了 6 本书,但因为选了一个令很多读者都深感扎心的主题,从而获得了比较高的点击量。所以很多时候主题若能戳中痛点,那么一篇文章也就成功了一半。

第二步,开篇总述书单的主题。

我们可以用一两句名言开头,然后再引出要推荐的书籍,以及读完后能够得到的收获。还是上面那份书单,开篇我引用了卡耐基的一句名言"一个人的成功 85％取决于人际关系,15％取决于专业技能",然后一句话解释,说明人际关系的重要性,再紧接着向读者推荐提升表达力的宝藏书单。到这里,开篇就结束了。

第三步,介绍每一本书籍。

怎么介绍呢? 最重要的就是告诉读者这是一本什么书,主要讲了什么,读完后能够得到哪些收获。

比如在介绍《即兴演讲》这本书时,可以这样介绍:

如果你平时反应慢,不知道如何接他人的话,一定要读一读这本书。对于书中的方法和策略,你若能坚持练习,那么你将能够克服紧张心理,并不断积累自信,让自己说话更受欢迎。

单本书的介绍不必太多,控制在 100 字左右就可以。注意介绍书的时候,要把作者也写上,这也是对作者的尊重。

每本书都介绍完后,建议再以一段话总结,重申书单的意义和价值。

比如,还是以"从直肠子到高情商,我读烂了这 6 本书"这份书单为例,结尾总结是这么写的:

如果你有以上人际沟通方面的困惑,这本书将帮你走出无法准确传达信息、沟通不畅的困境,让你真正感受到沟通的魅力。

第四步,补充和主题相关的关键词、话题词和个人简介。

有些新人认为只要前面的内容够好就行,其实在自媒体平台想要获得流量也是有一些技巧的,我们要学会主动抓取流量。

比如，通过在内容中插入紧扣主题、读者搜索比较多的关键词，以及官方活动话题词，尽最大努力让自己发布的笔记获得更多流量助推，这样内容的影响力才会更大。

最后别忘了附上个人简介，告诉读者你是谁，你长期输出什么内容，传递什么样的价值。自媒体的本质是价值输出，告诉读者你的内容对他们有哪些作用和意义，才有可能吸引粉丝关注你。

比如我每次都会在文末附上下面内容：

我是笑薇，一个远嫁西北的南方姑娘，靠读书自由生活5年，如今是一位创业宝妈，长期分享读书写作和成长干货，陪你一起成为更好的自己。

以上便是读书笔记及书单的具体写法。要想输出更多优质内容，获得更多收益，还有哪些需要注意的呢？

1. 围绕细分赛道分享

任何自媒体平台都希望创作者能够输出垂直类内容，尤其现在小红书阅读博主很多，如果我们分享的内容和其他博主没有明显区分，都是在大杂烩式地分享，那么难免会给人一种模糊的感觉。所以建议围绕自己的阅读兴趣或者职业方向找到自己的定位，围绕定位做垂直输出，努力成为一个细分赛道的读书博主。比如你是一个酷爱读书，同时非常关注孩子成长的妈妈，那么，你可以考虑做亲子教育阅读博主。再比如你特别喜欢文学，那么就可以尝试做文学赛道的阅读博主，重点介绍自己读过的文学方面的好书。这样你的人设和内容就能跟其他博主区别开来,让自己更有特色。

我们不需要做一个大而全的读书博主,只需要做一个小而美、美且精的读书账号。

当你账号的内容越垂直,分享越专注,吸引过来的用户也就越精准,黏性也越强,这样账号的商业价值也会越高。

2. 一定要有人设

所谓有人设是指账号要有辨识度,内容要有自己的风格和调性,让人感觉博主是一个真实、有趣、独特的人。

学员木尧 2022 年 7 月以前在小红书断断续续输出了半年,但一直没有大的起色,那时候,她只是和其他博主一样发一发平时的读书心得,后来,她找到了自己的人设定位,结合自己 19 年的"护士"经历,打造出了一个"工作多年的资深护士在工作之余坚持读书和分享干货"的人设形象。

明确了人设之后,她就围绕"护士+读书"这个定位进行输出,后来不到两个月就成为品牌合作人,同时也吸引了很多护士读者的关注,账号的商业价值也越来越高。

坚持真诚分享你的阅读、收获和思考,做一个温暖、有趣的博主,让读者通过你的分享,能了解到你是谁,你是做什么的,你能够为用户提供哪些价值,你有哪些喜好,要让阅读你笔记的读者真实地感觉到内容的背后,是一个有情感、有温度的人,而不是一个只是分享干货的账号,这样的博主才可能真正被读者喜爱和关注,商业价值也会

左手阅读,右手写作
从零开始打造你的读书IP

因此而更高。

3. 长期坚持输出

想要成为能赚钱的小红书阅读博主，一定不是一两天，也不是一两个月就能实现的，至少要给自己三个月的努力机会。在这三个月内，一定要持续坚持输出，能日更尽量日更，不能日更，也要做到一周2~3次有规律的更新。

2022年7月底，我在老学员中发起了小红书陪跑计划，如今已经有了多位千粉博主，他们都已顺利成为品牌合作人。做自媒体，坚持特别重要，一定要能够围绕定位持续输出，这样才可能获得收益。

如果自己想做小红书，但又担心坚持不下来，那么可以加入一个志同道合的圈子。与其一个人努力，不如一群人一起走，在这个过程中相互交流、借鉴和学习，进步也会更快。

4. 配图要精致

小红书用户绝大多数都是女性，女性更喜欢精美的东西。如果你的笔记内容有料，封面图亮眼吸睛，配图排版美观，让人赏心悦目，那么更容易获得读者的青睐。所以在小红书做阅读博主，一定不能忽视图片的制作。

但大家也别担心，现在有很多图片软件，比如创客贴、黄油相机、美图秀秀等平台都有丰富精美的模板，大家只要把内容导入进去，就可以生成漂亮的图片。

第四节　四个环节,设计一场一小时社群读书分享

"看你经常在朋友圈分享读书心得,我觉得特别好,下周什么时间方便,能不能来我的社群给书友们做个读书分享? 大概一小时。"

如果收到读书分享邀请,一定不要拒绝。

无论你读书是为了兴趣,还是未来想把它发展成副业,甚至主业,做社群读书分享的本质都是分享知识和进行阅读传播,无论是对自己,还是对他人,好处都很多。

既利他又利己的事情,坚决要做。

📖 社群读书分享的三个好处

第一个好处,倒逼你更认真地读书。

有人邀请你分享读书心得,这本身就是对你的肯定。

为了回报对方的肯定,大多数人都会更加用心地读书,读书的劲头会更足,兴趣也会更浓厚。所以,从自我提升的角度来说,收到分享邀请能形成一种良性反馈。

每当我收到分享邀请时,为了感谢邀请人对自己的肯定,也为了听我分享的书友能够有所收获,我通常会比平时更用心地准备。

平时读书只是读完后写一篇笔记,但如果要分享,我会认认真真

至少把一本书读上两遍,除此之外,还会写很多读书心得。

第二个好处,打造个人品牌,提升个人影响力。

社群的读书分享一般不会支付费用,但分享本身就是一种传播行为,无论你是为了给主业加持,还是未来想成为阅读推广人,这都是一次打造个人品牌、提升个人影响力的机会。

举个例子,如果你是一名教育工作者,经常去社群做读书分享,那么对主业发展会是一种很好的助力。

我有个学员是一名小学老师,自从 2021 年跟着我读书以来,他们学校线上线下的读书会都是由她发起的,而且她还常常是主要分享者。因为读书分享做得不错,同事和领导都很认可她,后来不到一年,学校提拔教研骨干,她高票当选。

当然了,如果你的目标是未来成为阅读推广人,那么社群分享的机会更不能错过。每一次分享,都是对你影响力的一次提升,听你分享的人越多,你的个人影响力就越大。

做阅读推广以来,我接受过很多社群分享邀请,有一两百人的社群,也有四五百人的社群,无论社群有多少人,我都会非常珍惜分享的机会,很多书友正是通过社群认识了我。

第三个好处,精准吸引流量,实现高效转化。

读书圈子中基本都是喜欢读书的人,当他们得知你在读书方面做出不错的成绩时,很多人就会来链接你,甚至想要跟你学习。

如果你有产品,基于社群分享建立的信任,这些精准的引流对象可能还会为你付费，从而实现高效转化。

我有不少学员就是因为听了我的读书分享后觉得不错，之后便添加了我的微信，后来又付费学习了我的课程。

和通过其他方式吸引过来的学员相比，听过分享的往往信任度会更高，在转化上也会更容易。

社群读书分享的四个步骤

了解了做社群读书分享的好处之后，那么怎样才能做好一场读书分享呢？根据过往经验，我总结了四个步骤：

第一，和邀请人沟通好时间、主题以及分享形式。

收到读书分享邀请后，要第一时间和对方明确分享的时间、主题以及分享方式。比如是中午分享还是晚上分享，具体时间是几点？分享的主题是自己定，还是按照对方给的方向来选择？是文字分享还是语音分享，抑或是视频分享？这些在分享之前都要确定下来。

第二，准备大纲和逐字稿。

时间、主题和分享方式明确后，接下来就可以开始着手准备分享了。分享的本质，是价值输出。

一场高质量的分享，关乎主题是否和受众息息相关，内容是不是有料有趣，以及是否设计有互动。如果你希望分享能取得好的反馈，就要多花些时间和心思去准备。

主题尽量接地气一点，围绕多数人关注的话题展开，比如围绕婚姻关系、育儿妙招、职场沟通、高效工作、时间管理等覆盖面比较广的痛点来设计，这样的分享更容易引起共鸣。

主题确定后，接下来梳理大纲，然后完成逐字稿，一场一小时的分享，逐字稿大概在 4 000～6 000 字。如果有必要的话，可以结合内容做 PPT 分享课件，这样效果会更好。

当然了，分享并非只是单向的，分享完之后，建议留出 20 分钟左右的时间，结合内容中的话题点和书友们一起交流下，实现思想碰撞。在这个过程中，说不定你也会产生新的收获和启发。这样做读书分享，你会发现很有趣。

第三，感谢邀请人和群主，做好分享后的引流。

无论在什么场合，有礼貌的人都能给人留下好印象。即便是小小的社群分享，也有一些需要我们遵循的礼仪。

比如分享前感谢邀请人和群主，分享后再次感谢邀请人和群主，以及用心聆听的书友。

分享并交流结束后，如果群主同意，可以告知书友们，如果后续想要继续与自己探讨和交流读书，可以加微信领取一份读书礼包，礼包可以是电子书、自己的读书成长经历或者自己总结的读书心法等。

总之，分享要有料，引流要真诚。要让群主感受到尊重，同时也要尽最大努力为书友传递价值。

如果每次分享都能做到这样，相信今后找你分享的人会越来越多。

第四，复盘。

无复盘，不成长。

如果希望读书分享做得越来越好，就一定要重视复盘。每一次复盘，都是为了迭代。那么读书分享的复盘怎么做呢？

建议从这几方面做起。

例如，分享主题是否是书友感兴趣的？通常来说，如果书友对主题感兴趣，就会参与讨论和交流，参与的人越多，说明主题契合更多人的兴趣和需求；如果反馈寥寥，说明今后在分享之前，要多花些时间和心思构思主题，主题越能击中痛点，书友越愿意参与。

再比如，分享结束后，添加你微信的有多少人？链接你的人越多，说明你的分享价值越高，内容是有料的。当书友从你的分享中得到的收获和启发越多，链接你的欲望也就越强，说明分享越成功。如果分享结束后，你也提醒了添加你可以领取礼包，但链接你的人寥寥无几，那么可能是社群不够活跃，但更大的可能是你的分享传递的价值还不够，如果是这样，那么后面做分享就要调整方法，努力准备更多的干货了。

复盘的目的是找出当下做得好的地方，方便今后借鉴，同时也是为了弄清楚哪些地方做得不好，下次改进优化，从而不断进步。

每次分享后都记得做复盘，想不进步都难。

以上就是做一场一小时社群读书分享的流程，社群分享看似简单，但要做出一场高质量的读书分享，我们需要设计好每一步。

第五节　短视频荐书,分享知识,传递价值

2020 年开始,随着微信视频号的兴起,自媒体平台图文流量断崖式下滑,很多自媒体人纷纷向短视频转型。

原先写娱乐八卦故事的,把人物故事拍成短视频,成为情感博主;

原先写育儿文的,把育儿知识拍成育儿视频,成为育儿博主;

原先分享读书的自媒体,把读过的书通过短视频分享出来,成为读书博主;

⋯⋯⋯⋯⋯

入局短视频的人越来越多,但令人发愁的一个问题就是,不知道拍些什么。

短视频的本质依然是做内容,优质的内容来源于持续的阅读、思考和写作,如果想成为一个能赚钱的读书博主,持续输出是关键。

对于读书博主来说,选题和素材还真不是我们伤脑筋的问题,毕竟读书博主都是一群热爱阅读、会阅读的高手,这就好比站在了无数巨人的肩膀上创作,可以用来做内容的素材取之不尽,用之不竭。

结合我的创作经历和心得,为大家分享五种适合新手博主上手的短视频类型,学完就能用。

荐书视频顾名思义就是向用户"种草"好书的短视频,这类短视频分为单本书推荐和书单推荐两类。

我们先看单本书推荐短视频。

这类短视频可以从书里的一个知识点出发,这个知识点一定是你最有感触,认为最有价值的知识点,结合这个知识点说一说你的理解和思考,末尾点出这本书的阅读意义和感受,这也起到了向用户推荐的目的。

如果大家按照我们前面讲到的知识内化三步法,也就是"重述——举例——总结"的结构来写读书笔记,那么这篇读书笔记完全可以用来拍视频,文末适当"种草",这样便是一个非常不错的荐书视频。

作为一名读书博主,我有很多的荐书素材都来源于平时的读书笔记,把平时的读书笔记修改优化,就是一篇有料的视频文案。

单本荐书视频还包括另外一种更简单的方式,就是朗读摘句。

我们可以从书里摘录一些能够引起共鸣的句子,然后声情并茂地朗读出来,这种方式不仅制作难度低,而且效果还不错。比如"都靓读书"这个账号就有很多这类视频,反响都还不错。这种制作方式门槛低,只需要大家平时养成摘录的习惯,几乎不用愁没内容。

第二类是书单推荐视频。

其实就是书单，建议单条视频荐书不少于 3 本，可以围绕一个主题来推荐，比如沟通主题、育儿主题、职场技能主题等，也可以是综合主题，一个视频推荐多种类型的图书。

荐书视频不建议太长，太长的内容很容易引起用户视觉疲劳，建议总时长在 1～3 分钟之间。

比如之前"三八"妇女节和"六一"儿童节，我就专门录制了女神书单和育儿书单，再加上平时录制的阅读书单和写作书单等，总的来说，内容还是比较丰富的。只要我们持续读书，便会有源源不断的内容。

📖 观点认知类视频

你是不是经常刷到一些让人醍醐灌顶或者深感共鸣的短视频？

你可能会想，为什么别人能说出那么有道理的话，我就说不出来呢？

别担心，作为爱读书、会学习的读书博主，只要掌握了内化知识的方法，你也可以写出引人深思的观点。

结合我的经验和心得，我们可以通过 3 条途径去提炼观点：

第一条，从书中提炼。

读书博主少不了读书。在阅读过程中，我们时不时会遇到一些自己特别认同的观点，把它摘录下来，结合自己的理解和思考写一段笔记,补充一两个素材进行论证,再把它拍出来,就是一个观点鲜明的观点类短视频。

比如我之前的作品《怎样的人生才是闪耀的》这个短视频的内容便来源于阅读心得,大家可以结合文案感受一下内容:

什么是"闪耀"? 怎样的人生才算是"闪耀"的?

以前,我以为"闪耀"就是成功,是鲜花锦簇、掌声在侧,但有人却说,闪耀不是站在聚光灯下接受千万人的掌声,也不是家财万贯、物质丰裕,而是内心的充实满足与天高地阔,是按照自己的意愿去生活,是时时刻刻感受到自己的价值与被爱。

所以,"闪耀"并不等同于世俗成功,只要我们能忠于自己的理想,内心善良温暖,懂得爱,也被爱,我们的生命就是"闪耀"的。

从书籍中提炼观点的视频和荐书视频相比,最大的不同在于,观点类视频侧重于观点的表达和论证,不一定要介绍观点来源和书名,荐书视频的目的则是通过阅读分享"种草"图书。

第二条,从生活中提炼。

日常生活和工作中,每天都在发生各种各样的事情,只要善于思考和总结,也能得出一些感悟。

除了读书心得,有时我也会分享一些生活心得、人生感悟,比如怎样看待某件事,我有什么体会等。这类素材都是真人真事,可以通过讲故事的方式娓娓道来,再给出观点,这样既真实亲切,又有收获和启发。

比如有一次我偶然刷到了一个关于"漂亮女生为什么要努力读书"的视频，看了视频后我非常受启发，于是写了一点心得，后来我把这个文案拍成了视频，分享出来后同样也得到了很多读者的共鸣和喜欢。

我们的日常生活就是一个取之不尽、用之不竭的素材库，提高自己的感知力，经常思考，写心得，不愁没有素材。

第三条，从社会热点中提炼。

作为一名读书博主，我们不仅要关注自身，更要关注社会，尤其是一些社会热点。关注小我帮助我们提升了自己的感知，从而不断完善自己，关注大我则拓宽了我们的视野，提升了我们的格局。同时，因为这些热点是大多数人都非常关注的，结合热点谈谈自己的看法和观点，这也是自媒体蹭流量、蹭热度的一种有效方式。

对于读书博主来说，多关注社会热点，发表自己的观点，是自媒体创作者应有的态度和视野，更是短视频读书博主快速成长的途径。

📖 实用干货类视频

在各类短视频中，有一类视频虽然并不幽默搞笑，但收藏量却很高，它就是实用干货类短视频。

实用干货类视频是指能为大家在生活和工作中出现的问题提供具体解决办法的视频内容，能让大家看完视频后觉得很有收获，有学习收藏的价值。

那么实用干货哪里来呢？

最优质的来源当然是书籍。一本干货书可以挖掘的素材非常丰富，只要我们愿意把书上的知识内化并输出，那么就可以创作出源源不断的干货。

比如西瓜视频的"林修读书"就是一个值得我们学习的干货博主，这个自媒体账号中的很多视频都是干货知识，信息密度非常大，很多人都很喜欢，因为这些视频非常有助于他们的学习和成长。

再比如，有道词典有个账号叫"羊读笔记"，这个账号主要发布"拆解"书视频，也就是分集讲解一本书上的精华，比如读《了不起的我》，作者就分了多节内容讲解，反馈也很不错。

除了从书里挖掘和提炼干货，还可以从自己的生活经验中总结。读书博主通常都比较爱读书、爱学习，且比较自律，在工作和学习中善于总结经验和方法，所以读书博主非常适合分享干货。

在各大自媒体平台，时间管理、效率提升、学习方法等干货类视频通常都比较受欢迎，因为它们可以帮助用户不断提升自我。同时也说明，用户刷短视频并不全是为了娱乐，高质量的干货和知识也是他们的需求，我们要做的就是向他们分享干货、传递价值。

这类干货视频我也做过不少，比如自由职业系列中的《成为自由职业者之前，你一定要想明白的 3 个问题》《作为一名自由职业者，你焦虑吗》《通过写作实现自由职业，现在还有机会吗》等，它们就是根据我这几年从事自由职业的心得总结出来的，除此之外，还有高效阅读系列、早起系列等都有很多干货分享,全部来自我的亲身体验和感悟。

📖 模仿爆款视频

除了前面介绍的 4 类短视频,模仿爆款去拍视频也是一个可以考虑的方向。通常来说,当某个视频火爆之后,往往会出现很多同类型的视频,而且它们的点击率也不低。

不知道拍什么的时候,可以看看当下什么类型的短视频比较火,跟热点也好,模仿某种现象级爆款也好,重要的是,不能仅仅停留在模仿上,而要想想怎样结合自己的定位来创作。

比如,"都靓读书"曾经创作了一个爆款视频《中外作家的写作怪癖》,这条视频在抖音获点赞 14 万,后来我发现同类视频多达几十条,它们虽然不是"都靓"那般的大爆款,但几千赞、几百赞的小爆款也有不少。

可见,翻拍爆款作品也是一个值得尝试的方向。去寻找那些爆款视频,在模仿的基础上结合自己的特点与需求重新创作,说不定也能出一个爆款。

📖 个人 Vlog

除了以上几种短视频外,我们还可以拍个人 Vlog,记录自己的生活、学习和工作,展现自己真实的生活状态,往往用户也会很喜欢。

说到这里，大家可能会问，这是不是就是记流水账啊？

其实，Vlog 不等于流水账，优质的 Vlog 往往是博主生活态度和价值观的传达，看似轻松的短片，用户却能从中汲取温暖和力量。

比如，视频号博主陈诗远就是我非常喜欢的一个博主，她分享的视频有些是成长干货，但也有一些是展示自己生活状态的，从她的分享中能够感受到积极向上的力量。

有个小建议，这类短视频建议不要拍得太早，最好是积累了一定的关注，粉丝对博主的真实生活有了更多期待后再去拍摄。

以上便是适合读书博主创作的五类短视频，喜欢哪种就赶紧拍起来吧！

第六节　直播讲书，阅读收获提升十倍不止

从图文输出，到短视频输出，再到直播输出，想要成为一名优秀的读书博主，注定要在这条路上不断"升级打怪"。虽说精通其中一种内容输出形式也能分得自媒体的一杯羹，但在当下这个竞争激烈的时代，一个读书博主如果能掌握不同形式的表达，那么必然会有更大的影响力。

直播讲书最大的价值在于，它是通过一种更加外显的内容输出形式展示博主的知识、才华和魅力。相比图文和短视频，直播是一种距离用户更近、更真实、也更立体的表达方式。

对于博主自身来说,经常做直播讲书,表达力、理解力、思维力都将得到全方位的锻炼,这种分享方式将会让你感受到读书分享的神奇,那就是倒逼自己快速成长,让你阅读收获提升十倍不止!

所以,如果你喜欢镜头,希望能更近距离地向用户分享,与用户互动,或者已经走过了读书博主的初级阶段,需要提升影响力,那直播讲书就一定要做起来。

怎样做直播讲书呢?

第一步,阅读并提炼分享主题。

做直播讲书之前,必然需要先阅读,再根据所读所思提炼出分享主题,这个主题最好自己特别有感触,同时也能击中大部分人的痛点。

可以是一些比较常见却又时常给人们带来困扰的话题,比如"如何找到自己的人生目标和意义""如何处理好亲密关系""怎样培养出自驱力强的孩子"等。

有句话叫"题好文一半"。主题做好了,文章也就成功了一半。

直播分享其实和写文章是一样的,本质都是在做内容输出,做好内容的第一步,就是找到好的主题。提炼主题时,一方面可以根据自己的阅读感触和用户需求;另一方面也可以集思广益,比如问问一起读书的书友,看看他们对书中哪些相关话题比较感兴趣。

做读书博主一定要加入一个书友圈,一群志同道合的人在一起互相交流,常常能碰出一些特别好的点子。

古人说，独学而无友，则孤陋寡闻。读书虽说不必过于热闹，但也不应闭门造车。

第二步，写好直播逐字稿，画出思维导图。

明确分享主题后，接下来就要为分享做大的准备动作了，这个动作就是写逐字稿，或者画出分享思维导图。直播新人通常很难做无脚本分享，那么，最靠谱的方式就是做足准备，围绕主题，把你的分享以逐字稿的形式写出来。

这样做的好处在于，文章是你自己写的，写的过程中既加深了理解，又增强了记忆，直播就不会慌；同时把分享内容写出来，方便进一步调整和优化。如果是即兴讲，很容易讲到啥就是啥，说到哪里就是哪里。在不具备即兴分享的情况下不做准备就出场，这对自己、对用户都是不负责任的表现。

每个人的时间都很宝贵，没有人愿意听你不知所云地讲一两个小时。所以，对内容一定要有敬畏之心，不要过于随意。

那么，写好直播稿之后，是不是就要对着稿子念呢？

不建议。写逐字稿主要目的是帮助自己梳理思路，做好内容准备，心里有底，这样上台就不容易紧张。但不建议因此被逐字稿绑架，逐字稿完成后，根据逐字稿提炼出思维导图，导图的内容包含分享主题、分享要点以及各要点的案例提炼，除此之外，还有每部分的小结。

当然，除了分享的主题内容外，还可以把开头和结尾，以及中间与用户互动的内容简要提炼出来，放进思维导图中。

根据我的直播经验，新人往往不注意互动，所以，在各环节加入暖场、互动的引导提示，会帮助博主把整场分享做得既有料又专业，而且还有温度。

前期可以通过逐字稿＋思维导图的方式帮助自己做好准备，如果后期越来越熟练了，就不需要写逐字稿了，把思路理顺，简单画个思维导图就可以了。和写作一样，直播也是一门技能，经常刻意练习，就会熟能生巧，做得越来越好！

第三步，心流状态分享＋适时互动＋福利吸引。

和文字分享有点不一样，直播分享时的状态特别重要，当博主状态好的时候，传递出的内容和价值也会更好。

那么如何调整好状态做到高价值的输出呢？

我的心得有两点：第一，让自己沉浸其中，进入心流状态。

分享的过程中，越是心无杂念，专注于当下的直播输出，就会越放松、越自然，给用户带来的体验也会更好。当博主呈现出温暖、放松的状态时，用户感受到的也会是这种美好。

所以，博主分享时，要尽量做到心无杂念，用"活在当下"的心态去分享你的所读、所感、所思，沉浸其中，这样不但你会非常享受这样的读书分享，用户也会很喜欢你营造的这种氛围。

第二，适时互动＋福利吸引。

虽说直播分享需要专注于优质内容和思想价值的输出，但毕竟在公域直播也是一次和新用户建立链接，与老用户加深感情，以及彼此交流思想的机会，所以直播分享中，也要适当做一些互动。比如关心老用户，问候新用户，告知分享的主题和价值，吸引新人留在直播间，以及结合分享主题和用户需求相关的话题，引导直播间用户进行探讨和互动。

互动既能促进博主提升直播间分享内容的质量，同时，高频互动还有助于提升直播间的热度，从而引发系统助推，吸引更多用户来看直播。

当然了，在分享过程中，如果希望用户能在你的直播间停留更长时间，除了做好内容和必要的互动外，还要设计福利。比如可以通过福袋抽奖的形式送一些书、本子、网课之类的小礼物给用户。成本不用太高，但要走心、真诚。

如此一来，粉丝既支持了博主，同时也得到了博主的爱心馈赠，自然愿意继续支持围观博主的分享，而正向的反馈将激励博主继续做好读书分享，传播正能量。

以上就是直播讲书的流程，但要真正做好直播分享，平时一定要多精进，有下面三个建议：

第一，平时在私域多锻炼。

公域平台更多的是一种展示，如果想"出道即巅峰"，对外展现你的实力，给粉丝们留下一个好的印象，那么平时一定要在私域多锻炼。为了提升学员们的读、写、说能力，在日常读书写作之余，我们每天早上都设置了教练读书分享,每周都有一次读书复盘分享,这些都是在腾讯会议举行,目的就是为学员搭建一个练习的舞台,引导、鼓励他们走上台,勇敢分享,训练出会读、会写、会说的三大核心竞争力。

平时的锻炼一方面助力他们成为有竞争力的读书博主,另一方面,底层能力的拉练也会为他们的日常工作和生活而赋能。

我相信,当他们一个个成为会读、会写、又会说的人时,学习所带来的积极反馈终将作用到他们的职业和生活中。

经过一期又一期的读书分享训练,很多学员不仅变得越来越勇敢,而且还把分享做得越来越有料,学员们积极踊跃地报名每周的分享,深度参与,加速成长,综合竞争力越来越强。

第二,养成阅读写作的好习惯。

直播讲书的本质,还是在做内容输出。

对于大多数缺乏积累的人来说,如果没有张嘴就来的实力,但又想要做好直播讲书,那么一定要养成阅读输出的好习惯。

我自己做读书博主五年,一直都在坚持每日阅读和写作。每次读完书,都会要求自己写读书笔记或者书评。养成持续阅读写作的习惯后,我也因此拥有了强大的内容创造力。

虽然这两年做直播并不是很频繁,但有了内容创造力,直播前,只要做好准备,直播中调整好状态,通常都能把一场读书分享做得很不错。

所以,功夫还是要下在平时。很多能力,都是日积月累养成的好习惯作用的结果。多读书、勤写作、多表达,关键时刻才能释放才华、光芒四射。

第三,坚持做好直播复盘。

有复盘,才有翻盘。复盘的作用在于帮助我们不断精进和迭代。

做完一次直播后,立马复盘,尽量在 24 小时内复盘,趁着还"热乎"及时反思,你会更加清楚哪里做得好,哪里做得不尽如人意,这样做直播,一定会一次比一次好。

直播能力的习得,关键还是刻意练习,但刻意练习不是简单重复,而是要在前一次的基础上做得更好才行。这就需要我们每次做完直播后都要及时复盘,如何复盘呢?我们需要复盘关键数据,比如直播场观、最高在线人数、热度、新增私域流量、直播主题,如果有带货,还要复盘销售情况。对这些数据一一进行分析,并寻找改进方向和方法。

我平时做直播,通常会复盘以下关键数据:

场观:场观人次是多少,哪个时间段人数有明显增加,为什么增加?哪个时间段新进用户有明显下滑,为什么?今后计划要怎样改进?

如果场观人数一直在增加,说明直播做得不错,但如果场观人数以及在线人数都有非常大的滑坡,就要分析原因,并寻找解决方案了。对于场观人次,直播结束后一般都有数据反馈,不同时间段场观人次可以从直播回放中查看。

平均在线时长:平均在线时长最能体现直播内容是否吸引用户,以及是否有铁粉支持,如果平均在线时长过低,那么说明直播内容有待提升,与此同时,还要注重加强铁粉黏性。

2022 年端午,我做了一场 5 小时的读书直播连麦,场观是1 200,平均在线时长 22 分钟,也就是说 1 200 人平均每人看了至少有 22 分钟。有人说这个数据已经很不错了。

总的来说,这次直播质量还不错,无论是主播还是连麦嘉宾,每个人都贡献了满满的干货和正能量,部分老铁全程在直播间陪跑观看,更欣慰的是,不少新人也反馈,这是第一次全程看直播。

最高在线人数:最高在线人数是指整个直播过程中,同一时间观看直播最多的人数。如果在线人数特别高,跟前段时间相比急剧飙升,需要分析数据飙升的原因是什么,是因为内容特别好,还是互动做得好? 这些可以通过视频回放来进行分析。

主题是否聚焦:一场优质的直播,需要有明确的主题,直播内容也需要围绕主题进行分享,所以直播结束后,还需要复盘直播是否做到了围绕主题进行,而不是随性漫谈,一场让用户有记忆点、有收获的分享必然需要聚焦,把一个主题讲清楚讲透彻,这样才会在用户心里留下印记。

还要复盘销售目标、私域增加人数等。总之,复盘做得越仔细、越深入,你的收获就越大,直播能力的提升也会越快。

除了自己做复盘,在直播间还要引导铁粉做复盘,总结学习收获和心得,一方面带领铁粉成长,另一方面,铁粉的复盘对于博主来说也是一次影响力的扩散。铁粉把复盘分享到社群和朋友圈,既分享了自己的成长,对博主来说,也是个人影响力的一次微小积累。

博主带着铁粉们一起做复盘,既利他,也利己。

成长需要引领,更需要陪伴,成为一名优秀的读书博主,就要做到自己成长的同时,也别忘了带着铁粉们进步,一起互相成就!

第七节　付费专栏,让读过的书变成
持续赚钱的知识产品

怎样读书才能赚到更多钱呢?

答案是通过阅读建立知识体系,进行系统化输出,把读过的书变成能持续赚钱的知识产品。

对新人来说,最容易实现的方式就是写付费专栏。

📖 付费专栏能够赚钱的三个原因

第一,专栏属于复利化阅读输出。

很多人都听说过复利,复利最大的意义就在于一次付出,持续产生收益。爱因斯坦曾将"复利"称为世界第八大奇迹。

投资讲究复利，而读书同样也是一种投资。用投资的复利思维来读书，才能通过知识撬动影响力和财富杠杆。

在自媒体平台以及一些知识付费平台创建阅读专栏，就是用投资的复利思维来读书，它也能够让创作者实现一次付出，多次回报。

当有几十人、几百人，甚至几千人购买你的专栏时，就相当于你的专栏拿到了几十次、几百次、几千次的收益，这就是专栏复利化的诱人之处。

从2020年开始，我在今日头条创作了多个专栏，其中有两个专栏收益最突出，其中一个是《15堂书评写作课》，还有一个是《阅读，普通人逆袭的秘密武器》，这两个专栏一个是关于写书评的技巧总结，还有一个是书评文章合集，这两个专栏单个专栏收益都达到了5万，不仅如此，它们还为我带来了与其他平台合作的机会。

而且因为这些优质专栏的持续扩散，很多学员付费购买后，觉得内容不错，实用接地气，想要和我深度学习，后来又成为我训练营的学员，不经意中，专栏又从知识付费产品变成了其他课程的引流品。

当然，这两个专栏如今依然有读者购买，所以说，专栏能帮我们实现复利化阅读输出，从而通过读书赚到更多钱。

第二，专栏属于知识产品化的赚钱系统。

很多人学习读书写作后会倾向于投稿，或者写零散文章发表在自媒体平台，短期内确实也能拿到一些稿费或者平台的流量费用。

这几年来，我带过很多上稿过樊登读书、Kindle、当当网等知名读书平台的书评人,投稿的确让一些新人实现了自我价值,也收获了读书写作带来的成就感,但大平台僧多粥少,上稿大号虽不是太难的事,但持续上稿则比较难。

所以,当学员的基础比较牢固后,我会建议他们自己写专栏。和零散文章相比,专栏属于标准化的知识产品,是可以实现买卖交易的,而且能持续带来收益,相当于打造了一个持续赚钱的系统。

和其他产品相比,知识类产品属于虚拟产品,不占库存,无需发货,一次购买,无交付压力,只要持续有人购买,就会一直为你带来收入,相当于建立了一个可以持续赚钱的通道。

虽然笑薇开设了很多读书写作类的训练营,但最初也做了很多专栏产品,这些专栏至今仍然有收入,和训练营相比,专栏无交付压力,这便为我节省了大量时间。

如果你已经在读书写作领域有了些积累,想要通过读书增加收入,但又没有太多时间精力做交付,那么专栏无疑是最适合你的选择。

第三,专栏化输出能帮你建立知识体系,让你成为一个更值钱的创作者。

专栏是一种非常强调体系化的阅读输出,需要作者围绕某个垂直领域持续输出,为了能让自己的专栏在细分领域足够垂直和专业,作者必然需要在特定领域深耕学习。

当作者在细分领域钻研得越深,就越容易成为某个领域的专业人士,自己也会因此而变得更值钱。

当我从 2020 年开始围绕书评领域连续写了两个专栏后,我发现自己对书评写作的理解比以前深入很多了,原先不成系统的经验被我梳理成了一套完整且十分落地的方法论,每次完成一个专栏,我都感觉自己比以前更专业了。

专栏推出后,很快便得到了众多书友的喜欢,我也因此从自媒体人成功转型为知识付费讲师,我变得更值钱了,而且也受到了越来越多学员的认可和信任。

可见,专栏化输出是最有助于短期内建立知识体系,让自己变得更值钱的阅读输出方式。

如何创建付费专栏

其实写付费专栏并不难,只要我们爱读书,会读书,掌握了知识转化的方法,新人也能从零开始打造一个属于自己的知识付费产品。

首先,明确自己感兴趣或者擅长的领域。

每个创作者都有自己感兴趣或者擅长的领域,写专栏需要系统输出,选择感兴趣的领域才更容易做到系统研究,然后输出。选择自己擅长的,做起来才会更轻松,效果也会更好。

举个例子。假如你对阅读方法感兴趣,那么就可以找这个方向你认为最好的 10 本书,然后将每本书依次进行解读。

这样一个专栏写下来,你不仅建立了自己的知识体系,而且能够为想要提高阅读能力的人提供针对性的解决方案。

又或者你是个资深职场人，那么就可以围绕职场人需要具备的能力，先把书单列好，然后结合自己的阅读心得和多年的职业积累做个职场修炼专栏。

如果你对传统文化感兴趣，那么就可以通过主题阅读深入学习和了解与传统文化相关的书籍，然后将书上的精华结合自己的理解进行提炼梳理，整理成一个文化专栏。

只要你的内容有趣有料，真能帮助某类用户提高认知，或者解决某个问题，就一定会有人愿意为你的内容付费。

不过这里要注意，一定不能照搬照抄原书，而是要学会提炼、内化、融合。

如果你掌握了前面我们讲到的读书笔记三步法，那么内化书本知识对你来说就不是一件特别难的事，所以，不要小看读书笔记，把基本功夯实，才能在这条路上走远、走稳。

接下来，确定发表专栏的平台。

很多内容平台都能出售专栏，比如今日头条、百家号、知乎、喜马拉雅、得到、小红书等都可以上架专栏产品。

我曾在今日头条写了三个知识专栏，一个书评写作专栏，一个阅读专栏，还有一个自媒体运营专栏，后来又在千聊等平台上线了视频专栏，这些专栏总计卖出了 5 000 多份，虽然单价只有 99 元，但因为持续有收益，且没有交付压力，所以依然是一件很值得投入的事情。

还有很多自媒体人同样也写了各种不同的专栏,并在平台上获得了可观的收入。大家可以结合自己感兴趣的领域,在今日头条或者小红书等平台搜索关键词,这样就能很快找到各种各样的付费专栏了。

究竟选择在哪个平台发表专栏,关键要看你的读者在哪个平台,以及哪个平台扶持力度更大。2019 年的时候,我之所以会在头条发表专栏,是因为当时我主要在这个平台更新内容,粉丝主要集中在这个平台,而且当时平台也在扶持作者创建付费专栏。但不同时期,各个平台情况有所不同。总之,大家应该选择当下对创作者最友好,读者更多的平台发表专栏,这样才能让你的付出取得更好的效果和更大的回报。

付费专栏的形式如何选择?

大多数平台都支持图文、视频、音频等不同的专栏形式,具体选择哪种作为呈现方式,关键看你的内容适合哪种,以及你自身的优势是什么。如果你的镜头表现力和声音不错,那么视频或者音频会很适合你。

相比起来,图文专栏最简单,写完文章就能排版发布,音频和短视频则需要进行二次加工,涉及的流程会稍微多一些,但也不是太复杂。

选择适合自身的,以及契合内容调性的呈现方式,这才是关键。

当然了,如果你的专栏足够优秀,说不定还有机会被一些大平台邀请合作,把你的专栏挂到他们平台售卖,这样你的收入渠道就更多了,这就是专栏的复利收益。

　　总之,创建付费专栏并不难,只要你在某个领域能够垂直化输出,就可以考虑创作专栏卖钱。投入一次时间和精力,之后可以被售卖无数次,且能持续产生收益,它是值得我们付出的一件事,也是一种更高级的读书赚钱模式。

左手阅读,右手写作
从零开始打造你的读书IP

第三章

写作认知力：学会写作再写作

第一节　写不清楚是因为想不清楚，写作前先学会思考

很多人开始写作后，经常会苦恼一个问题：写了一半就写不下去了，或者根本无从下笔，还有些人即便码出了一篇文章，但主题不明，观点不清晰，论述混乱……

之所以会出现这些问题，根源都是因为没有想清楚。写作的本质是一场思维训练，写不出来，写不清楚，很大程度上是因为没有想清楚，思路不清晰，甚至根本没思路。

所以，写作并非单纯码字，比"写"这个动作更重要的是"思考"这个看不到、摸不着的行为。

新媒体写作，首先是一种理性的议论文，其次才需要作者融入情感表达，究其本质而言，思考才是文章的内核。想要写出好文章，就一定要训练自己的思考力。

写作是系统工程，需要练就系统思考力

写文章是一项系统工程，需要作者"点""线""面"统筹兼顾。

"点"，可以理解为文章的主题。

"线"，可以理解为文章的主线，主要涉及分论点，它们与主题共同构成了文章的论述走向。

左手阅读，右手写作
从零开始打造你的读书IP

"面",即文章整体,包括素材、开头、结尾、语言、结构等写文章需要考虑的方方面面的要素。

主题是文章的核心,也是文章的中心思想,如果主题不明确,即便文章写得再卖力,别人也很难读懂文章想要表达的思想,所以写文章之前,最重要的就是思考主题。

那么怎样找到理想的主题呢?

方法就是,尽可能用发散思维把自己能想到的点都写下来,建议不少于 10 个,不管合理不合理,都写下来,然后从中筛选出读者最感兴趣,自己最想写的点。

比如读完一本书,想要写一篇书评,不知道写什么主题,那么不妨想一想,这本书给自己留下了哪几个印象,并试着用关键词把这些印象概括出来,然后再围绕关键词思考,如果可以不断深入,并且能借用书中丰富的素材,就说明围绕这个关键词提炼出的主题是合适的。或者对写下的关键词进行思考,找出这些关键词之间的内在联系,若能找到背后更深层次的意义,有时候也能因此得出一些新颖的结论。

对主题的思考可以用碎片化时间进行,比如等车、做家务时,甚至散步时都是可以的。

写作的核心是思考。在写作之前,不要着急写,而要多思考,知道自己要去哪里,才能更好地出发。

新媒体写作并非单纯追求文学美感,更要求作者提高自己的逻辑思考力。对于新媒体写作来说，虽然最终呈现出来的只是一篇几千字的文章，但其背后却隐藏着大量的思考，这些思考我们看不到，却不容忽视。

📖 两种方法帮你梳理写作思路

第一种，写大纲。

很多新手刚开始写作没有列大纲的习惯，经常想到哪里就写到哪里，以为直接开写效率更高。这是一个典型的大误区。

写文章就好比盖房子，在盖房子前，设计师通常会先画图纸，有了方案之后，才会进一步建房子。写文章也一样，开始写之前，先要理出思路，也就是列好大纲，有了大纲，成文才能又快又好。

写作从来不是零散作业，而是一项系统工程。

那么怎样写大纲呢？大纲包括哪几个部分？

首先，一篇文章的大纲主要包括主题、观点、分论点、案例、结尾。

明确文章的主题和观点，以及从不同方面分别论述的分论点，支撑分论点的案例，最后是文章结尾，把这几个部分梳理出来，一篇文章的框架也就有了，接下来就是整合和优化。

第二种，画思维导图。

文章的思路可以借助文字来梳理，也可以通过画图的方式来构思。比如思维导图就是一种特别好的工具。和纯文字相比，思维导图更加清晰明了。

我从 2017 年开始使用思维导图，读完一本书后，我会根据书的框架或者自己构思的逻辑主线画一个思维导图，把关键的知识点、案例、观点都梳理出来，这样一本书的重点就一目了然了。

思维导图是一种非常强大的学习工具，无论是写读书笔记，还是平时学习课程做笔记、构思大纲，都可以使用思维导图，它可以使我们的学习既高效又轻松。

那么，用思维导图写大纲需要注意什么呢？

一篇文章的大纲主要包括主题、观点、分论点、案例和结尾，画思维导图也可以从这几个点来切入。与文字版大纲有所不同，思维导图主要记录关键点或关键词，而不需要写得过于具体，所以，需要我们学会精准提炼。但也正因为只需要记录关键点或关键词，所以会更加快速。

我最常使用的思维导图软件主要有 WPS 自带思维导图、Xmind、百度脑图和幂宝思维。建议大家平时把思维导图用起来，刚开始可能会慢一点，但习惯之后，你就会发现写作效率大大提升了。

两个技巧提高思考能力

写大纲和画思维导图能帮助我们快速把头脑中零散的想法梳理成条理清晰的写作思路，大大提高了写作效率。但思考是无形的，也是最容易偷懒的，对于平时逃避思考或者缺乏思考习惯的人来说，想要成为一个好的写作者，还需要刻意去练习。

如何刻意练习呢？可以从以下两方面着手：

1. 利用零碎时间思考,培养思考习惯

有人认为,只有当需要解决一个问题的时候才需要思考,还有人认为,只有在工作时间才需要思考。

其实,思考根本不需要特定的时间和空间,只要我们愿意,等公交时可以思考,做家务时可以思考,其他很多时候都可以思考。

我的很多文章都是在这些零碎时间里构思完成的,利用零碎时间构思写作思路不仅让我成为一个时间利用率更高的人,更重要的是,我的写作效率也大大提高了。

写作最重要的是"想",是"思考",而不是敲字这个具体动作。而对于思考来说,只要我们愿意,很多时候都可以进行。

2. 多向自己提问,调动深度思考力

学会利用碎片化时间构思文章有助于我们养成思考的习惯,提高时间利用率,但要想洞察事物本质,那么还需要更深入的思考。

如何提升自己的深度思考力呢？我经常用到的一个办法就是提问,多问为什么。

比如,当我要写一篇宝妈时间管理主题的书评时,我会问自己这篇文章的观点是什么？可以从哪些方面来论述,有哪些案例可以用？这些案例是不是能引起读者共鸣？以及我能给出哪些足够落地的干货？这些干货真能帮到我的读者吗？

经常向自己提问,其实就是在调动自己的大脑更深入更全面地进行思考。长期坚持,你就会发现自己的脑子更灵活了,思路更清晰了,文章也写得更好了。

所以,写作要多花一些时间思考,而不是花太多时间打字。

写作者是思考者,而不是打字员。

学会思考,学会厘清思路,才能成为一个高效的写作者。

第二节　学会拆解,掌握读书稿写作的内在逻辑

为什么有的人看似很努力,但在读书稿写作方面进步却很缓慢?这其实和他没有掌握写作的内在逻辑有关。那么如何掌握写作的内在逻辑呢?

"拆解"文章是最有效的方法。

所谓"拆解",简单来说,就是以研究的视角去学习别人的文章,思考它的写作思路和技巧。

如果说学习写作有捷径的话,那一定是学会拆解优秀文章。学会拆解文章比写作本身更重要。这是因为文字是显性的,但作者的写作思路、论证方法却是隐性的,它们需要我们花更多的心思和时间去琢磨。

写作之前,找到相关领域你认为文章特别好的三个账号,一篇篇、一段段地去拆解,包括标题、思路、结尾、语言、金句等,看看每个

部分都是怎么写的,用了哪些案例,为什么要这么写,然后对标并超越他们。

那么究竟应该怎么具体拆解呢?

第一,拆解标题。

阅读一篇文章前,我们最先看到的就是标题,标题是否精彩,是否有吸引力,决定了我们接下来会不会点开文章阅读。所以,标题的拆解至关重要,只有掌握了好标题的创作心法,我们才有可能写出好的标题。

拆解标题的第一步是"拆结构"。

以这篇荣获青云奖的书评为例,"有气场的女人更成功,提升气场,只需这 6 招"这一标题以观点＋数字相结合的结构来拟定,用直接陈述的方式,简单利落地表达了自己的观点,给了读者阅读这篇文章的理由。

拆解标题第二步,"拆关键词"。

一个好的标题一定要包含关键词,关键词可能和目标人群相关,和文章主题以及内容相关,也可能会向名人、热点等借力。

标题中安插关键词是为了便于机器识别并推荐给更多感兴趣的读者,从而使文章被更多人看到,曝光率越高,收益才会越好。

自媒体平台是机器推荐机制,你的文章会不会被推荐给目标人群,决定因素之一就是标题是否踩中了关键词,关键词埋得越多,且越精准,就越可能被系统推荐给对这篇文章感兴趣的人群。

左手阅读,右手写作
从零开始打造你的读书IP

比如"有气场的女人更成功,提升气场,只需这 6 招",这个标题中的关键词是气场、女人、成功,这篇文章的潜在读者群是提升气场、渴望追求成功的女性,标题埋下了这些关键词,机器在做分发的时候,就会针对性地把文章推荐给目标读者。

学习标题写作,最快的方法就是平时注意收集,多研究优秀标题的写法,然后进行总结和仿写。

刚开始学习写标题的时候,我每天都会收集 3 个标题,仔细研究并琢磨,我的印象笔记 App 里建了一个标题库,专门存放优秀标题,写不出来的时候,可以翻出来看看,然后进行模仿。

一篇文章建议至少想 3 个标题,因为自媒体写作和纸媒不一样,读者是先看到你的标题,才决定要不要点击你这篇文章阅读的,机器也是根据标题来推荐文章的。

这里要提醒大家,在头条和百家号这些自媒体平台写作,标题一定要规范,尤其不能出现"标题党"行为。现在各平台对标题的管理越来越严格,大家可以多了解不同平台给出的标题规范,先看清要求,才能避免触碰雷区。

第二,拆解如何开篇破题。

文章破题的意义在于快速抓住读者的阅读兴趣,吸引他们继续阅读。

优秀的书评都有不错的开篇,所以拆解破题能帮助新手在短时间内快速找到好的开篇写作方式。

还是以《有气场的女人更成功,提升气场,只需这 6 招》为例来拆解。

如果我问你,什么样的女性最有气场?

相信很多人脑海中涌现的,往往是职场中那些雷厉风行、作风硬朗的女性,比如前段时间的热播剧《都挺好》中的苏明玉,年纪轻轻就已经成为公司总经理,说话做事勇敢果断、毫无畏惧、气场强大,很有霸道女 Boss 的范儿。

我写这篇书评的时候,刚好《都挺好》这部剧很火,所以就想到了里面的苏明玉,算是借用影视剧里的人物来破题,这种方法能够吸引读者阅读。如果大家写书评主要是投给公众号或者发布在自己的自媒体账号上,那么可以适当通过蹭热点的方式踩踩流量。

但热点时效性比较差,并不是唯一,也不是最好的破题方式。

从长期效果来看,你引用的例子最好能够贴近生活,并且大部分人也有过相似的经历,这样更容易引起他人的兴趣和共鸣,或者引用那种不容易过时的素材,比如历史典故等,这样它的长尾效应会更好。

所以,热点开篇能快速吸引读者眼球,且可能踩中流量,从而得到助推,但如果有和文章主题相关的真实经历,也可以用它来破题。

第三,拆解引题。

引题包括文章观点的引出过程,以及观点的写作。

观点的引出要自然，不能太生硬，观点的表达要简短、精炼、有力。

拆解引题有助于新手快速掌握观点的引出方式和表达技巧。

"真正的气场是一个人内心和思想外化的体现，是一种强大的精神力量。"这句话正是《有气场的女人更成功，提升气场，只需这6招》这篇书评的引题，它简洁明了地点明了书评的主题，言简意赅地概括了书的核心内容。

第四，拆解作者介绍和逻辑主线。

作者介绍和逻辑主线是书评的组成部分，所以也需要拆解。

作者介绍择取亮点经历说明即可，不要太大段，或者太严肃，写成人物科普就没有读者愿意买账了。

逻辑主线可以是原书的逻辑主线，也可以根据自己的思考重新组织。

第五，拆解正文亮点解读和文章结构。

亮点解读是书评最重要的部分，通常可从书中挑选2～4个最打动你的地方展开论述。

总体来说，亮点解读＝观点阐述＋案例论证＋你的评论和思考。

而常见的文章结构有两种：第一种是递进式结构，即按照"是什么——为什么——怎么办"的结构顺序来写；第二种是并列式结构，即多个分论点并行，从多个侧面共同论证大论点。

还是看《有气场的女人更成功，提升气场，只需6招》这篇文章，它属于递进式结构。因为开头已经介绍了什么是"气场",所以接下来主要论述"为什么要修炼气场"以及"如何修炼气场"。

关于"为什么要修炼气场",我总结了两个分论点:一、气场强的人,解决问题的能力更强;二、气场强的人,有一种强大的感染力。

论点提出后,结合真实案例、心理学观点以及名人名言等进行具体论证,增强说服力,论证结束后,总结分论点。

关于"如何修炼气场",也用同样的方法来处理,这样正文主要内容就完成了。

第六,拆解结尾。

好的结尾能够引起读者强烈的共鸣,而且能够激励读者转发扩散,所以好的结尾和开头一样重要。

再回到《有气场的女人更成功,提升气场,只需 6 招》,前面已经介绍了 6 种不同的气场类型,结尾用一个问句引发读者思考:女性应该打造怎样的气场? 再结合书中的原话总结全文:气场的关键在内心,了解自己的潜在气质,学会扬长避短,才能修炼出自己的专属气场。

这篇书评是一篇典型的干货类书评,写作结构符合书评要求。

有些小伙伴可能会比较纠结,为什么看到的很多书评并不是按照这个结构写的?

其实,文无定法,写文章本来没有固定的模板和套路,当一个作者的写作能力达到炉火纯青的时候,往往很难看到技巧的痕迹,这就叫无招胜有招。但是,对于新手来说,规范化写作是最快的学习方式,学习的路径是模仿——练习——形成自己的风格。希望大家能够尽快掌握书评的写作技巧,并早日形成自己的风格。

好的东西,需要反复练习才能掌握。初期,建议每天拆解研究一篇书评,量变引起质变,当你研究了 100 篇书评时,相信书评的写作思路和方法早已内化于心。

第三节 五种标题类型,让你的读书稿更"吸睛"

很多人写读书稿,都会遇到一个令人头疼的问题:辛辛苦苦写的文章,却没几个人阅读。

区别于传统纸媒,对于你发布的读书稿,用户在阅读文章前,看到的只有标题。如果你的标题不够吸引人,那么很可能读者就不会点开文章阅读。

所以在屏读时代,你的文章会不会有人读,标题决定了一半。

关于标题的重要性,自媒体人陈立飞有一个形象的比喻:

假如你现在身处一个环境嘈杂的集市,你有一个想法想告诉大家,怎么办呢?最好的办法就是大声喊出第一句话,并引起所有人的注意。

同理,在如今各种信息满天飞的屏读时代,开口吸引他人的第一句话,就是标题。要想有人愿意读你的文章,一个好标题,就是一个诱人的钩子。

其实,无论哪种写作,标题的作用都不容忽视。那么,对于读书稿来说,什么样的标题更"吸睛"呢?

📖 五类"吸睛"标题

好的标题往往有一些共性,找出这些共性,即便是新手,写出一个"吸睛"的好标题也是指日可待的。

1. 引发好奇式标题

引发好奇式标题是新媒体标题写作经常用到、且效果也很好的一种标题。

这类标题通常有点"半遮半露"的特点,它一般会将关键信息隐藏,但又鲜明地表达了观点,所以会让人产生强烈的好奇心,似乎不点开看就很难受。

标题1:毁掉一桩婚姻的,从来不是三观不合

这个标题的主题体现了社会一大痛点:婚姻挫折。作者用了两个情感比较强烈的词"毁掉"和"从来",冲击感比较强,令人印象深刻。内容上,否定式句式看似表达了观点,却并没有告诉读者具体答案,充满了张力,比较吊人胃口。

标题2:《人生只有一件事》——放下这三种执念,你才能越活越好

前半句嵌入书名,后半句数字与观点相结合,简洁地表达了观点,也给读者提供了建议,但关键信息并没有透露。看了这个标题,读者会好奇:究竟是哪"三种执念"呢?从而忍不住点击文章阅读。

写作的本质是表达,写文章的时候,我们要考虑读者的需求和喜好。同样地,写标题也要站在读者角度思考,究竟什么样的标题才会对他们产生吸引力。

标题的意义和价值在于吸引读者阅读文章,如果我们的标题能够成功激起读者的好奇心,那么这个标题就成功了。

2. 结果呈现式标题

结果呈现式标题着重突出书籍或者文章能给读者带来的收获,比如帮助读者提高情商、增强表达能力,或者愉悦心情等。换句话说,读者读了这篇文章或者这本书后,能够变得更好。

标题1:3个方法帮你走出迷茫,改变认知,2021不做职场"小透明"

此标题是典型的结果呈现式标题,"走出迷茫""改变认知""不做职场'小透明'",几乎每个词都在强调这篇文章的价值,以及能帮助读者实现的阅读目标,关注个人成长的读者看到这样的标题很容易被吸引。

标题2:你与斜杠大神之间的距离,差了一个思维方式

标题前半句抛出了两个关键词"斜杠大神""距离",后半句给出

了答案"思维方式",告诉读者,要想成为斜杠大神,关键是要掌握一个思维方式,而这个思维方式就在这篇文章里,进而吸引读者点击阅读。

结果呈现式标题直接告诉读者阅读文章能够帮他们解决的问题,敞亮真诚,尤其适合干货书评,而且能确保账号的垂直,容易得到平台的精准推荐,是一种常用的写标题技巧。

3. 名人效应式标题

巧借名人或者专家,为文章带来更多流量。

标题:三毛《送你一匹马》——人生有三件事不可俭省

前半句名人＋名作,吸引了流量,后半句以简单的数字总结表达观点。当书籍的作者比较有名时,直接在标题中嵌入人名和代表作,也是一种巧妙蹭流量的方式。

4. 金句总结式标题

金句通常都非常凝练精辟,且很有力量,有一句顶万句的效果。它们要么颠覆认知,令读者顿感醍醐灌顶,印象深刻,要么能引发读者强烈的认同。

标题1:人生最好的状态,是忙中有闲、闲时不废

标题击中读者对理想人生状态的渴求,能引起强烈的认同和共鸣,进而对文章产生极大的阅读兴趣。

标题2:《海边小屋》——你的强大,来自你的孤独

前半句以书名开始,后半句以金句式的观点总结,虽然书可能并

不为大多数读者熟知,但富有吸引力的标题,令这本书和这篇文章变得很有吸引力。

此标题虽简短,却非常有力,用一种对比的方式突出"孤独"的益处,这与人们通常的理解不太相同,因为"孤独"往往并不被称赞,甚至大家都害怕孤独、逃避孤独。但这句话一说出来,却又让人觉得特别对,尤其那些喜欢独处,默默努力的读者,他们会觉得这就是在说自己。

金句总结式标题需要有很强的提炼和概括能力帮助读者去表达观点、展示态度,虽然有点难度,但也是一种非常受欢迎的取标题的方法。

5."种草"推荐式标题

所谓"种草"推荐,就是向读者推荐某本书,并给一个阅读的理由。

我们可以从书籍能解决的问题、适合人群及阅读意义和价值等方面出发来构思这类标题。

标题1:熬不下去的时候,不妨读读东野圭吾的《解忧杂货店》

前半句描述了一个具体的生活困境——熬不下去,后半句引出要推荐的书籍,如果作者很有名,建议直接把作者名也写上,这样可以增加流量。

标题2:当你读懂了《城南旧事》,所有的苦难都会过去

前半句直接引出书名,后半句抛出阅读此书能带来的价值——

苦难都会过去,切中了大部分读者的情感诉求,每个人的人生都会有不尽如人意的地方,这个标题"种草"效果也很明显。

知道了好标题是怎样的,那么如何写出好标题呢?

📖 写出好标题的三个技巧

知道了好标题是怎样的,不代表就会写标题。知道和做到之间,还差了一个"践行"。写标题也需要刻意练习,只要花点心思研究,勤于训练,写出让人眼前一亮的好标题并没有我们想象的那么难。

<u>首先,要学会分析和研究好标题。</u>

学习标题写作,最有效的方式就是先收集,然后研究并模仿。那么如何收集呢? 可以充分利用微信"搜一搜"和公众号号内搜这两个工具来寻找相同主题的标题。

比如我要写一篇关于自律主题的书评,那么就可以在微信"搜一搜"或者某个公众号,比如十点读书的号内搜输入"自律"来搜索,然后就能找到很多这个主题的标题了。

我有一个习惯,每天收集三个爆款标题,通常会选择樊登读书、十点读书等有影响力的公众号平台,看到喜欢的标题就保存到印象笔记里的标题库中,然后分析总结它们好在哪里,上面五种类型的标题就是我根据标题的内容和特征拆解总结出来的。

<u>其次,注重模仿和练习。</u>

收集标题的目的,是在自己写标题的时候有范例可借鉴,所以并不是收集了就完事了,还要加强模仿和练习。

写书评的时候,如果不知道怎么写标题,我会去标题库看看,找找灵感,然后根据文章的类型找相似的标题进行模仿创作和套用。虽然是个笨办法,但用得多了,对于写标题的一些技巧也就内化于心了,后面基本也就不需要翻看标题库了,因为都已经记在脑子里了。

最后,标题写出来后,还要重视市场反馈。

文章发布之后,关注反馈情况,总结经验。比如头条针对优质原创作者就有一个双标题功能,每次写文章的时候,可以写两个标题,文章会同时推荐,方便作者根据文章各项数据判断和摸索出好标题的技巧。

对于作者来说,辛辛苦苦写一篇文章,如果不想让它在信息的洪流中被淹没,请一定多花些时间和心思钻研你的标题!

第四节　巧用金句,让你的读书稿
精致且有深度

开始写作后,有些小伙伴会困惑,为什么看别人的文章深度又高级,自己写出来的文章却普普通通?

有一个能帮助大家快速提升文章高级感的小妙招——巧用

金句。

所谓金句,即表达精炼、简洁,能给人带来启发的观点。

好的金句有一句顶万句的效果,令人读到有醍醐灌顶且引发强烈共鸣的效果。如果你发现自己的文章太平淡太普通,那可以学着用金句来点缀下。

金句能起到画龙点睛的效果,在文章的开篇、正文、结尾部分适当插入一两个金句,你会发现文章会精彩很多。

好的金句主要有三个作用:

第一,引发思考,吸引阅读。

金句表达精炼,文章开篇引入金句,能够快速吸引读者阅读,尤其当金句中的观点特别能引起读者思考的时候。

比如有一篇与家庭相关的文章,作者在开篇引用了托尔斯泰的一句名言:"幸福的家庭都是相似的,不幸的家庭各有各的不幸。"这句话就是典型的金句,放在开篇能起到掷地有声、启发思考和吸引阅读的效果。

第二,加强论证,增加深度。

正文论述引用金句,还能起到强化论点、增加深度的作用。

好的文章往往是夹叙夹议的,叙述让文章有血有肉,议论则能让文章有灵魂。但文章灵魂的高度如何,取决于作者的功底。

金句的使用不仅能增加内容深度,还能拔高文章的高度。

第三,引发共鸣,提升美感。

金句精炼简洁,朗朗上口,自带传播效果。

结尾引用金句,能激发读者共鸣,从而更好地传播。而且新媒体文章若能多用金句来点缀,文章的美感也会更好。

那么,既然金句有这么多的好处,怎样才能提升自己使用金句的能力呢?

📖 三个方法提升金句能力

提升金句能力有三个方法:第一,搜集;第二,整理;第三,仿写。先看搜集。

金句并不一定非要原创,如果写不出来,也可以搜集。通过网络搜索,我们其实能找到很多很好的金句,掌握一些小技巧将能大大提升搜索效率。举个例子,我们如果想要找某本书的金句,可以输入"书名+金句"进行检索。如果想要借用某个名人的语录,也可以输入"名人+金句"来进行搜索。

如果想要找能够体现文章主题的金句,那么可以输入"关键词+金句"。

比如我要写一篇关于时间管理的文章,和这个主题相关的关键词有时间管理、时间、高效、自律等,想要快速找到相关金句,就可以用"关键词+金句"的形式来检索。

或者我们想要用电影或者歌词里的金句,也可以输入"电影+金句"或者"歌词+金句"。

总之，只要我们掌握网络搜索的方法，就能找到海量金句。

提升金句能力的第二种方法——整理。

平时阅读过程中，我们经常能看到一些好的观点和句子，这时，不要忘了把它们摘录下来，并存储到自己的素材库里，方便写作的时候调用。

我一般每读完一本书都会做笔记摘录，会写自己的读书心得，也会把书里的干货知识点、好的观点和句子整理到石墨文档或者印象笔记中。

这样写作的时候，想要什么素材就可以直接检索，方便快速调取。

除了阅读书籍时可以收集金句外，平时阅读新媒体文章时，也能看到很多金句，但如果没有及时摘录整理，那么这些好的句子很快就会被忘掉。

所以，这就要求我们平时要做好整理，读到好的金句，一定要养成随手保存的习惯。存储的金句越多，写作的时候就越容易找到好用的金句。

现在有很多金句 App 和网站，比如纸条、句读、句子控、金句谷等，想要什么金句，也可以去这些地方搜集整理。

提升金句能力的第三种方法——仿写。

任何知识只有做到内化于心，掌握精髓，才能变成自己的知识。如果你不满足于搜集和摘录，仿写这个技能一定要学会。

仿写分为三个步骤：

第一步，找到一个金句。

可以从你的素材库中调取金句，或者从一些金句 App，比如句读、纸条中找到自己喜欢的金句。

第二步，拆解金句结构。

拆解金句结构是把金句写作思路内化于心的有效方法。

第三步，按金句结构仿写。

把结构提炼出来后，就可以结合自己的需求进行仿写了。以下是我用三步法做的金句仿写练习，可以借鉴。

原句：生人可以变成熟人，但是熟人如果变成了生人，会比生人还生分。

结构：A 可以变成 B，但是 B 如果变成 A，会比 A 还生分。

仿写：陌生人可以变成好友，但是好友如果变成了陌生人，会比陌生人还生分。

原句：钻石并不需要谁的围观，它到哪里都自带光芒。

结构：A 并不需要 B 的围观，它到哪里都自带光芒。

仿写：优秀的人并不需要谁的围观，他们到哪里都自带光芒。

原句：想要快乐，我们一定不能太关注别人。

结构：想要××，我们一定不能太关注××。

仿写:想要赚钱,我们一定不能太关注钱。

原句:这是一个每个人都在跑的时代,但我坚持用自己的步调慢慢走。

结构:这是一个××的时代,但我坚持××。

仿写:这是一个人人都在追求高效的时代,但我坚持按照自己的节奏努力。

摘抄确实能帮助我们多积累素材,但无法带来写作水平的真正提高。

多仿写金句,你的金句原创能力就会越来越强。

想要快速提升写作能力,让你的文章精致又有深度,捷径就是仿写金句。

如果觉得自己的表述不够好,不妨试试用金句句式,也许会有意想不到的效果。

第五节　拒绝拖延,五个方法帮你实现高效写作

如果要问,新手学写作,让你苦恼的问题有哪些?

"拖延"一定榜上有名。

拖延,看起来似乎只是个小毛病,但它的影响却很坏。

因为拖延，常常要到最后一刻才完成作业打卡；

因为拖延，错失了被评为优秀的机会；

因为拖延，学习结束了，课程都还没听完……

最后，写作这件事也就不了了之，以后再也不想提起。

写作拖延症，很多人都有，但要想在这条路上取得成绩，就一定要努力克服。

就"拖延"而言，和过去爱拖延的自己说再见，就是在读书写作这条路上，我们获得的最好的成长。

分享 6 个帮助新手作者摆脱写作拖延的方法，它们都是基于我这几年的亲身经历总结出的实战经验。

📖 正确认识写作：打败你的不是写作，而是恐惧

我曾经问过一个学员，这位学员是高中语文教师，我问她，写作难吗？

她告诉我，写作这件事本身不难，难的是，很多人内心认为它很难。

也就是说，真正难的不是写作，而是我们内心的恐惧。

很多人对写作缺乏正确的认知，错误地认为它是一件很难的事。殊不知，当我们内心认为一件事远远超出自己的能力时，它的难度无意中就会被放大很多倍，哪怕它其实不是真实的。

什么是写作？如何理解写作？

其实，写作无非就是记录下自己的感悟和想法。

我们每个人每天都在接收各种各样的信息，看过的文章、读过的书、接触过的人、听到的话……有些是主动接触，有些是被动接收，但我相信，当这些信息进入我们大脑时，多多少少都会碰撞出一些思想的火花。

对于我们写作者来说，最需要做的，就是把这些转瞬易逝的火花捕捉和记录下来，写下自己的理解和思考，这就是写作。

当然，不同的人领悟能力、思考能力都有差异，同样做一件事，有些人可能会产生很多思考，但有些人可能感受寥寥。这也是常见的。

我最开始写读书稿时内容也很单调，这其实跟我的阅历有限、生活圈子狭窄有很大关系。但是写读书稿有效帮助我规避了这个短板，阅读的同时，一方面增加了知识储备，另一方面我也不再愁缺少写作素材。更重要的是，一本书有丰富的内容，只要用心阅读，总能有些体会，而且好书总是源源不断的。

写读书稿还有一个显而易见的好处就是，和随机偶得的新闻热点和生活随感相比，书籍给我提供的写作主题和素材显然要丰富得多，也稳定得多。

就这样，我基本没有为写什么而发愁过，从根本上讲，就是因为书籍为我提供了丰富的写作素材和主题。

所以，如果你不知道写什么，害怕写作，不如先从写读书稿开始，比如新媒体书评、短评荐书、拆书稿等，它们都比较适合新人。

📖 把黄金时段留给写作

写作是一项需要大脑注意力高度集中的工作，尽量选择状态比较好的时候去写作。

我一般会利用每天早晨和上午的时间来读书写作。经过了一晚上的休息，精力得到了有效恢复，大脑的思维会更活跃。而且就客观环境来说，早上几乎无人打扰，孩子还在睡觉，工作上也没人会在这个点找我，这时候读书写作更容易专注，写出来的作品质量也会更高。

做阅读推广以来，我不仅自己早起，也把这个好习惯在学员中进行了大力推广，通过早起共读的方式引导他们早起，一期训练营下来，学员们不仅爱上了读书，更收获了早起的好习惯，而这个好习惯，和读书一样，都将令他们受益终生。

当然了，每个人的黄金时段有所不同，有的人是早上，但也有人可能是晚上，不必拘泥于具体的时间段，最重要的是找到自己最好的状态，并将其用于修炼本领。

📖 学会做任务分解，充分利用碎片化时间

写作好比搭房子，房子不是一天搭起来的，而是一点点垒起来砌起来的，今天画图纸，明天打地基，后天砌墙，再粉刷……直到最终盖

起一座完整牢固的房子。

写作也一样，今天利用通勤的 2 小时搜集素材，做家务的时候顺便构思框架、记下关键词，下班回家后再拿出完整的 2～3 小时来写文，第二天再抽时间修改打磨，这样一篇稿子也就完成了。

写作这件事，不建议大家追求一蹴而就、一气呵成，把它当作一项系统工程，分解任务来完成，这样心理压力会小很多，执行难度也会低很多。

比如早上阅读 1 小时，记录 5～8 个关键词，白天利用碎片化时间构思读书笔记怎么写，记录灵感和想法，晚上回家后再利用完整时间成文。

学会把写作目标进行拆分，把大目标拆解为一个个小任务，然后再逐个完成，真正需要我们坐下来写的其实也就两三个小时，阅读的时间、构思的时间、写作的时间完全可以分开来进行。

当你做到了有效分解，每一步都很明确要做什么的时候，拖延也会得到有效控制。

拖延问题一方面是心理问题，一方面更是工作方法的问题，只有双管齐下，"拖延"才能得到真正解决。

📖 不知道写什么的时候，可以先试着写 10 分钟

有些书友会说，阅读的时候挺有感悟，但是一到下笔的时候，就"倒"不出东西了。这可能是因为大家对写作的期望太高，总想着下

笔成章,其实初稿没有多少是完美的。

写作,最重要的是开始写,而不是一开始就写得有多好。

写作归根到底是个手艺活儿,持续地刻意练习、不厌其烦地打磨是提高写作水平的唯一途径。

所以,无论你的心理状态如何,都不如先坐下来写个 10 分钟,从一个字、一句话开始,当你慢慢进入状态后,思路也会慢慢打开,到那时,文字自然会在你的笔下流淌。

📖 加入高质量写作社群

有人说写作很孤单。

当你一个人默默写作时,的确会有点。

但如果是一群人写作,你就会发现,写作不仅不孤单,而且很有意思。

和同频的书友一起写作,大家不仅能够相互鼓励,彼此还能互相监督和点评。当你看到队友们都那么努力,相信你也不会轻易放弃。

和志同道合的人在一起做长期主义者,比起自己一个人孤独地战斗更容易坚持。如果你选择走写作这条路,那么我建议你加入一个高质量的写作社群。

对于需要长期坚持才能做成的事情,可以选择和大家一起走,群体互相监督与帮扶,将能帮你摆脱拖延,一起走得更远,也更坚定。

写作远远没有我们想象的那么难，但如果你内心把它当作一件很难的事，那么它真的就会很难。

人天生不爱走出舒适区，抗拒做困难的事。然而，人要成长，很多时候都需要我们与人性的弱点相抵。

拒绝拖延、高效写作也有方法，找到这些方法并践行，这样我们才能走得更远，也更坚定。

第四章

写作输出力：内容高手的第二个硬本领

第一节　运用多元化思维，把写作价值最大化

前两天辅导年度会员小鱼儿，她问了我一个问题："写作、自媒体、直播，都是当下自己想做的事情，但时间紧张，如何才能更好地平衡？"

小鱼儿从去年开始跟我学习，期间上稿过人物稿，也做过助教，今年上半年还成了某平台签约作者，每个月供稿 3～4 篇。但仅撰稿，收入空间比较受局限。7 月份学院成立自媒体陪跑群后，小鱼儿也萌生了做自媒体和开直播的想法，希望在不断突破自我的同时，能够开辟出更多收入渠道。

和很多入行不久的写作者一样，小鱼儿并未真正领会内容的本质。

内容的本质是什么？

我认为，是表达，是知识、思想和价值观的传递。

写作、自媒体、直播看似是不同的方向，但其内容却很相似，写过的稿子可以做成短视频、音频，也可以通过直播来分享，之所以有不同的形式，是因为不同用户喜欢的方式有所不同，有的人喜欢看文字，有的人喜欢声音，还有些人喜欢短视频和直播。

作为内容创作者，让自己的作品尽可能触达更多受众，就意味着影响力的扩大和收益的增加。

图文写作、短视频、直播，它们的本质都是做内容，而做内容的最底层技能就是写作。

所以，对于内容创作者来说，需要下功夫最多的地方，就是写作，内容是输出的前提。

在自己擅长的方向，把工夫花在关键点上，这就是一个内容创作者高效产出、获得更多收益的秘诀。

内容本身具有复用性，把一篇文章通过不同形式在不同平台进行分享，这又何尝不是把自己的创作优势发挥到了极致呢？

给平台撰稿的这半年，小鱼儿的写作能力得到了极大的磨炼和肯定，也积攒了很多优质的内容素材。

现在，如果想让写作这个技能变得更值钱，就要思考，如何借助内容的复用性把写作价值最大化？

比如，这大半年，她跟着读书营读了几十本书，写了不下几十万字的读书笔记，是否可以将一部分读书笔记优化成短视频文案或直播素材？

再比如，在平台撰稿的大半年，她采访过很多有特点、有故事的人物，也写出过不少爆款，是否可以将这些故事再继续提炼和加工，变成适合短视频或直播的素材？

既然有现成素材，在已有基础上进行二次创作，是不是体现了内容的复用性？是不是实现了一份时间投入换取多份回报？

当然，有人可能会说，自媒体前期很可能没有收益，但这个收益要看你怎么理解。自媒体前期可能的确赚不到钱，但你因此获取到的流量和关注是不是钱？

再者,也许你发了 50 篇文章、50 个短视频、做了 50 场直播都没有看到收益,直到写了 100 篇文章、做了 100 个短视频、播了 100 场才开始出了一个爆款,有了惊人的质变,但你以为这个收益仅仅只是第 100 篇文章、第 100 个短视频或者第 100 场直播带来的吗?

一定不是的!

博观而约取,厚积而薄发。

大量阅读,才能有所输出;长期积累,才能偶尔绽放光芒。

一个人能不能靠写作赚到更多钱,影响因素主要有两个:第一,是实力;第二,是认知。

实力需要靠前期的方法学习和刻意练习来获得,认知则要靠打开视野、和行业前辈交流来提升。如果经过前期训练,你已经有了不错的实力,那么就要提升认知。

千万不要割裂写作、做自媒体和直播,它们虽然形式不同,但本质都是内容输出。深刻理解内容的复用性,在此基础上,让你的一份时间投入获得尽可能多的回报,这才是更聪明的做法。

第二节　掌握两种短评结构,零基础也能成为荐书人

当当网相信大多数人都听说过,平时买书,不少人都喜欢从当当网购买,目前它已经是国内知名的购书平台。但是,对于喜爱读书写

作的人来说,如果你只把它当作一个购书网站,就有点太可惜了!

从 2020 年开始,当当网面向爱读书、喜荐书的书友们公开招募书评官。书评官的主要职责是,<u>通过写短评为大众推荐好书,帮助大家在选书、购书时提供可靠的参考依据,从而找到适合自己的书。</u>

书评官发布短评后,当当官方会定期筛选,一般是一周一次,或者一天一次,优质书评将会获得稿酬奖励。除此之外,书评官还可以参加官方举办的图书"种草"活动,文章一旦得奖,也能拿到现金奖励。

成为书评官不仅能够增加收入,还有机会参加各种学习,快速成长,结识更多优秀的书评人。

那么,荐书短评究竟怎么写呢? 我给大家总结了两种短评模板,按照模板来写,零基础也能快速上手!

模板一: 针对具体问题写短评

这类短评着重强调推荐图书帮助读者解决了什么问题。问题解决类短评的结构通常是这样的:

第一步,描述读者可能遇到的困境。

比如成长困境、育儿困境、婚姻困境……

第二步,陈述书籍的价值点。

比如,书上哪些内容可以解决上述困境,如何解决的?

第三步,总结"种草"。

解决上述困境后，读者能够得到的收获，比如快速自我成长，开阔视野，收获快乐幸福的家庭、和谐的人际关系、出色的孩子……

给大家看一篇范例：

毕业 5 年或 10 年，你会发现当初那个手拿一手好牌的同学却一点成绩都没有，也会发现班里学习最差的同学已经取得了辉煌的成绩。

我们不禁会问，为什么人和人会慢慢拉开如此大的差距？

张萌在《人生效率手册》中说："在年轻时有没有想清楚，或在想清楚之后有没有立刻行动起来，并数十年如一日地坚持，让人的差距慢慢拉大。"

读完此书，我的感受是，一个人的人生目标对其成长来说是最关键的要素。此外，若你能用工具进行自我管理，并不断进行自我反思，不断修炼自己，那么这些足够让你和别人有百倍的差距。

如果你不知道如何树立自己的人生目标，不知道如何进行自我管理，可以尝试用《人生效率手册》中提供的方法，相信你一定会遇见更加优秀的自己。

这篇短评结构清晰，短小精悍，三分钟就能让读者大概了解这本书讲了什么内容，可以帮助自己解决什么问题，读者也因此能够大致判断此书是否值得阅读，这便是荐书的价值和意义。

📖 模板二：针对人群特点及需求写短评

这类短评需要围绕某类人群的需求展开。具体结构为"描述某类人群的特点或需求＋介绍图书亮点＋总结推荐"。

如何寻找人群的特点和需求呢？可以从以下四个角度来总结、梳理、提炼。

第一，阅读喜好。

推理小说、散文、诗歌等，不同的人，阅读喜好有所不同。比如"推理不得不看的神作！"当我们开篇抛出这句话时，将能很快吸引目标人群的注意，对推理小说感兴趣的读者很难不点开这篇文章阅读。

第二，人群年龄。

比如是 0～3 岁，还是 3～6 岁，或是 7 岁以上的孩子，如果能够在开篇就指出书籍适合的读者年龄层，也很容易吸引目标读者。比如"学龄前孩子必看"等。

第三，人群状态。

写短评时一定要有用户思维，站在读者的角度思考，想想这本书的价值在哪里，为什么要推荐这本书，而不是别的书。想清楚了这些问题，我们就知道了这本书主要要向谁推荐。比如"如果你时常感到焦虑，可以看看这本书"，这句话很好地描述了目标人群的状态"焦虑"。

第四，人群需求。

直接告诉目标人群，这本书对他们有什么帮助。虽然状态描述比较容易引起读者共鸣，但有时候仅仅引起共鸣还不够，我们还需要明确告诉读者为什么读这本书。比如"职场升职加薪有妙招，这本书对你很有用"等。

找到具体人群的特点和需求后，接下来需要围绕人群介绍书籍亮点，最后总结"种草"。

我们来看一篇范文。

你的爱人是你的理想伴侣吗？你对自己的爱人足够忠诚吗？如果再让你选一次，你还会选择现在的婚姻吗？

如果你有困惑、疑虑，不确定，建议你读一读毛姆的小说《面纱》，这是一个关于爱与忠诚、背叛与救赎的故事，也是一个关于觉醒、自我成长的故事。

毛姆是二十世纪"最会讲故事的作家"，他的小说不仅机智幽默，而且常常在文字中潜藏着人性的真实，让人忍不住心底一叹："这就是生活啊！"

这部作品对道德冲突的解析、对人性善恶的嘲讽、对欲望的放纵，都让人深感共鸣。

婚姻的意义是什么？是为了与深爱之人共度余生，还是为了生活寻找一张"长期饭票"？无爱的婚姻还有存在的必要吗？是听从内心的选择追求自由，还是为了现实生活而妥协？最关键的是，什么样的选择才是正确的，我们又如何能确定不会为自己的选择而后悔？

每个人都有很多面，谁也无法保证自己能在最合适的时机做出最正确的选择。就像《面纱》中的女主，一直在追寻自己所谓的真爱，一直在放纵自己的欲望，但最后才发现，一切都是假象。

小说的整体布局特别吸引人，就像人物脸上始终带着面纱，充满悬念和冲突，只有拨开层层迷雾，才能看到最终的真相，才能找到心中的答案。

这篇短评开篇接连抛出三个情感问题，这三个问题就像钩子一样吸引了对情感问题比较困惑的读者，紧接着介绍小说故事梗概，并结合书上的亮点和细节，围绕婚姻情感话题展开讨论，一个个问题，一个个观点，引人思考，又直击内心，对读者的吸引力很强，是一篇很优秀的短评。

好了，以上就是短评写作的常见结构，接下来，再看看写短评的注意事项。

第一，开头忌过长。

短评本身篇幅短小，所以字数不宜太长，尤其开头，切不可漫谈。如果写得过于啰嗦，读者很可能丧失阅读兴趣，还没有看到书籍介绍部分，就已经放弃阅读了，那么这篇短评显然无法实现"种草"目的。

第二，开篇第一句话要"吸睛"。

互联网时代，信息大爆炸，用户的注意力也因此变得越来越稀缺。对荐书官来说，要尽量在第一句话就成功吸引读者的注意力，否则读者几乎不会点开你的文章阅读。

因此，开篇就要有亮点，比如抛出一个读者感兴趣的问题，"你是否有对婚姻感到失望的时候"或者"你的孩子是不是经常跟你顶嘴"等，或者告知读者某本书的具体价值，比如"本书总结的 15 个升职加薪小技巧对你很有用"等。

开篇第一句话要么能引人共鸣,要么传递价值,要么令人好奇,总之,不能太平淡,一定要有亮点才行。

第三,段落之间要有逻辑。

短评虽然篇幅不长,但麻雀虽小,五脏俱全。开篇亮点,中间论证,结尾总结推荐,总体来说要条理清晰,逻辑严密。

对于新手来说,模板的作用就是提供标准框架,帮助你在最短时间内厘清思路。

所以建议零基础学员在初期不妨老老实实按照模板结构来创作,等到基础扎实了再创新也不迟。

成为书评官不仅是对写作能力的认可,更是一种身份的彰显,非常适合想在读书领域发展的同学。养成读书写短评的好习惯,既能提升阅读效果,还能赚点买书钱,何乐而不为?

第三节　掌握新媒体书评写作秘籍,新手快速成长为专业书评人

学习书评写作,很多人最常问我的一个问题就是"书评应该怎么写? 有模板吗?"

其实,新媒体文也好,书评也罢,只要你研究的范文足够多,都能发现一点规律,总结出来,就是它的写作思路和基本结构。

这一节要和大家分享的,是书评的写作结构,也是书评写作的基本框架。

书评主要包括破题、引题、作者＋书籍介绍、逻辑主线、亮点解读、立意总结这六个模块。

破题

破题相当于开场白,在日常人际交往中,两个陌生人进入正式聊天之前,通常会寒暄一阵,互相问候关心一下彼此,这样做的目的就是先拉近距离,在最短时间内让彼此消除陌生感,从而便于接下来谈话的顺利展开。

写作的本质是表达,所以在进入正题之前,我们会有一个破题,通俗点说,就是为了吸引读者对文章产生阅读兴趣而故意找的话题。

常见的破题方式有很多,实际写作中,我们可以借助电影、电视、综艺等片段,也可以借助热点事件、名言金句、自己的生活经历或是所见所闻,通过这些内容引出文章要探讨的话题。

比如《〈82年生的金智英〉:婚后女性究竟有多难?读读这本书就知道了》,这篇书评就是以我自己的故事来破题,贴近实际,比较自然,能吸引读者阅读。

生完孩子之后,我曾有过一段低迷期。

因为知识付费的不景气,也因为新生命的到来,每天的时间被无限碎片化,我的工作恢复变得很困难。

那段时间,我找不到一点价值感和成就感,觉得生活特没劲,无尽的困惑和迷茫笼罩着我。

我们知道,文章能不能吸引读者阅读,开头很重要。书评的可读性强不强,对读者是不是有吸引力,破题是其中一个重要的影响因素。

📖 引题

通过破题把话题引到书的主题上,这就叫引题,引题需要整体用一两句话论述书的核心内容,也就是扣题。

我们来看下书评《读了这本书,终于明白:王漫妮漂亮努力,却为何活得迷茫又无助》是如何引题的:

三十岁的王漫妮迷茫又无助,她该怎样突围,过自己想要的人生?

《自定义人生》里给出了回答:向自己要答案。

三十不过是个数字,没必要过度解读它。像王漫妮,想清楚自己想要什么之后,回到大城市,重新启航。自定义的人生仿佛开了挂,王漫妮找到了属于她的人生。

我们都是王漫妮,人生的十字路口,该向左走还是向右走?主动权在自己手中。

还有一些引题更加直接,破题之后,用一个简短的观点来引题,既概括了写作主题,也反映了书的核心内容。

比如书评《她 17 岁前从未上过学，28 岁成剑桥博士，却被父母视为"家庭叛徒"》，这篇文章的引题就写得非常言简意赅：每个人都和自己的原生家庭有千丝万缕的联系，而这种联系，可能影响甚至牵绊他的一生。

屏读时代，开头宜"快"不宜"慢"，所以破题、引题要写得简短，能300 字说清的，就不要用 500 字。

作者＋书籍介绍

作者介绍需要把作者经历中最闪光的一点展现出来，千万不要直接找百度百科，写成人物科普就没意思了。这里的书籍介绍一般不展开讲，点出书名即可。

比如我在写《你当像鸟飞往你的山》这本书的书评时，就着重介绍了作者塔拉·韦斯特弗自学考上大学，并成为剑桥博士的经历。

《你当像鸟飞往你的山》讲述了一个有关原生家庭的故事，这本书的作者塔拉·韦斯特弗 17 岁前从未上过学，后来通过自学通过了大学入学考试，并成为哈佛大学访问学者、剑桥大学博士。

逻辑主线

逻辑主线可以确保文章有自己的逻辑结构，条理清晰，而不是东一榔头，西一棒槌，记成了流水账，毫无章法。

书评的逻辑主线可以是书本身的逻辑主线，也可以根据自己的思考组织文章的逻辑。

比如我在写《你当像鸟飞往你的山》这本书的书评时，就根据自己的思考梳理了一条逻辑主线：教育改变了塔拉的命运，重塑了她的价值观和人生观，但也拉大了她与原生家庭的裂痕，塔拉开始思考教育的意义。

逻辑主线确定之后，接下来的"亮点解读"只需要围绕这条主线来写就可以。

亮点解读

所谓亮点，也就是书中最打动、让你最有收获的地方，挑选其中2~3处展开讲即可。用公式来表示就是亮点解读＝书的精华＋你的评论和思考。

亮点解读是书评的重点，既要体现一本书的核心内容，又要讲得通俗易懂，让人读完之后觉得有收获，这是最考验作者写作功力的地方。

很多新手作者在写亮点的时候，要么全是干货，而且还是直接照搬原书，非常生硬，要么记成了流水账，或者全是口水话，空洞且价值感低。

亮点解读要夹叙夹议，既要有叙述，更要体现作者自己的思考，把观点讲透彻讲明白，这样才能让人信服。

写好亮点解读，有三个建议。

第一，新出现的概念一定要解释。

一些实用类书籍中经常会出现新概念，比如《好好学习》中就提到了"黄金思维圈"这一概念，写作者在提到这个名词时，紧跟着就要做解释，否则没读过这本书的读者很难明白它的含义。读者读不懂的名词越多，放弃阅读的可能性就越大。

作为写作者，我们要做的是为读者提供有价值、喜闻乐见的内容，所以，抓住他们的注意力很关键，切忌让人觉得艰深、读不懂。

第二，论证要充分。

很多新手在说完观点之后，往往不注意结合案例论证说明，直接就写下一段。观点论证不充分，别人便很难信服。

举例也好，列数据也罢，都是加强论证的方式。案例可以从书中选择，也可以是自己的实际经历，或者自己听到的、看到的。这部分可以把平时做的笔记充分利用起来，这样能够大大提高写作效率。每当我做了丰富的笔记，书评也会写得很快。

所谓"磨刀不误砍柴工"，做读书笔记既能提高阅读效率，又能提高写作效率，所以大家一定要重视平时的积累，多阅读，多写笔记。

第三，说清重点，切忌面面俱到。

很多新手作者在写书评的时候，最容易陷入的误区，就是把书上所有的知识点都整理出来，这就不是书评了，而是知识点整理。

书评的亮点解读切忌面面俱到，把真正重要的部分说清楚即可。

一般建议挑选 2～3 个最打动你、最有价值的地方展开说就可以。涉及的内容太多，反而会淹没重点，自己无法消化，读者读完之后，也难以有深刻的印象，典型的吃力不讨好。

书评建议保持在 2 200～2 500 字之间是比较合适的。屏读时代，用户对长文的接受度并不高，文章写得过长，对读者的注意力和作者的写作水平都是较大的挑战。

📖 立意总结

文章结尾处需要重新点题，概括并升华全文内容，这就是立意总结。立意总结再次重申文章主题，强调书籍的阅读价值。

比如读完这本书后你有哪些感受和收获？你如何评价这本书？这本书解决了什么问题？能给读者带来什么价值？值不值得花时间阅读等。如果写不好，可以参考书的封面推荐语和序言，它们都能给你提示。

我在写《你当像鸟飞往你的山》这篇书评的结尾时，就给出了自己的阅读体验和感受：

也许到最后，塔拉都没有成为家人所希望的样子，但她却活成了自己的英雄。

在我看来，《你当像鸟飞往你的山》并非成功励志书，而是关于如何突破原生家庭的桎梏和束缚，重新寻找自我、重塑自我的心灵之书。

相信每个认真生活的你，都不想错过它。

虽然我们常说文无定法,文章写作本来不应该过于套路化,但对于初学者来说,规范化写作是比较快的学习方式。

破题、引题、逻辑主线、作者+书籍介绍、亮点解读、立意总结,这六要素几乎是所有图书类文稿的基础结构,包括书单、讲书、拆书、图书带货文等的写作,都和这六要素息息相关。掌握好书评写作结构六要素,把基础打扎实,后面的学习会更轻松。

第四节　写好图书带货稿,让你的收入翻一番

图书带货稿,是指介绍书籍卖点,以卖书为最终目的的一种文章形式。

把写好的图书带货文发到百家号、今日头条等自媒体平台,并附上图书购买商品卡,读者阅读文章,产生购买兴趣,可直接通过文章里的商品卡跳转到购买页面进行购买,订单完成,作者就会收到一定比例的佣金分成,这就是图书带货的过程。

图书带货对作者和读者来说,其实是一件互利共赢的事,对作者有好处,对读者也有价值。

对作者来说,写图书带货文可以赚钱,不要小看带书赚钱,很多时候,一篇带货文案赚到的钱可能比一篇书评的稿费还要多。

就读者而言,阅读文章的同时,还能买到中意的书籍,省去了挑

选的时间和精力,也是一举两得的事情。

一篇图书带货文字数大概在 1 200~2 000 字之间,太短不足以让读者心动下单,太长也很考验读者的耐性,不低于 1 200 字,不高于 2 000 字是适用于多数内容平台的字数标准。

📖 带货文黄金结构:背景引入＋读者痛点＋书籍介绍＋引导下单

带货文的最终目的是转化成交,所以,写带货文时,我们一定要多思考怎样才能激发读者的购买欲。

给大家介绍一个带货文黄金结构:背景引入＋读者痛点＋书籍介绍＋引导下单。

所谓背景引入,是指为了吸引读者阅读,而用与书籍相关的故事或具体场景将读者带入其中,营造出一种感同身受的氛围,进而为后面的介绍作铺垫。

头条号上有一篇带货文,开头就采用了故事的写法,讲述了一位空姐无端遭受妇女刁难,并最终优雅化解的真人真事,读者很容易被带到读故事的状态中,而且由于故事冲突前置,开篇第一句就直接将妇女对空姐的无礼挑衅抛了出来,体现了文案写作的"黄金 30 秒"理论,达到了快速吸引读者阅读的效果。

飞机上,一名 40 岁左右的妇女大声向空姐问道:"美女,你能告诉我,你们当空姐的和当小姐的有什么区别吗?"当时机舱里的乘客都齐刷刷地看向了那名空姐,现场气氛特别怪异,大家好像都在等着看好戏。

这名空姐是我一个大学同学的姐姐，我叫她萱姐。那天我出差刚好乘坐她所在航空公司的航班，正好她也在这趟飞机上。飞机起飞不久，我前面一名 40 岁左右的妇女，向萱姐招了招手。

萱姐笑容满面地走过来，以为这位妇女需要什么服务，结果她竟然问了萱姐这么尴尬的问题，我当即为萱姐捏了一把汗，也为她感到尴尬。

萱姐愣了一下，环顾了一下大家看向她的目光，然后笑容满面地看着那名妇女，回答道："这位尊敬的乘客小姐，您好，小姐是我对您的称呼，空姐是您以及所有乘客对我们这份职业的称呼，如果小姐您在整个航班中有任何需要的话，欢迎您随时叫我，我是本次航班为您服务的空姐，很乐意为您服务。"

当萱姐说完这段话时，那位妇女被噎得哑口无言。我周围的乘客都在悄悄地为萱姐鼓掌，有的甚至向萱姐竖起了大拇指，我自然为萱姐的这番操作点赞，这回应太绝了。

背景引入之后，读者的阅读兴趣被带动了起来，紧接着，就要开始抛痛点了。前面的背景引入表面上讲了一个乘客和空姐之间冲突的故事，但作者真正想传达的是，<u>在被他人冒犯或攻击时，如何巧妙地处理人际冲突？</u>

空姐的经历不一定每个人都会遇到，但被人攻击、被人欺负却可能是很多人都有的经历。<u>讲故事只是为了吸引读者的阅读兴趣，更</u>

重要的是故事背后的道理,以及作者想要通过故事传递的价值观。

故事讲完后,得抛正题才行,也就是我们所说的"痛点"。还是刚才那篇文章,前面故事讲完了,接下来引出痛点:

事后我问萱姐,她是怎么做到回应得这么体面的?

萱姐说:"其实吧,我们当空姐的并没有你们想象的那么光鲜靓丽,更没有一些人想的那么苟且。

以前我被乘客为难时,也会委屈得只知道流泪,不知道该怎么回应。如果你怼回去,不但可能会丢工作,还让人觉得没修养。有次我被乘客泼了水,我委屈得一边流泪一边擦水。

飞机到达目的地后,乘客们都急着下飞机,有一位女乘客过来跟我说:'你现在是不是感到很委屈? 这本书送给你,抽空多看看,会对你的工作有帮助。'说完把书留下就走了。"

书籍带出来后,接下来要进入第三个环节,也就是介绍书籍。毕竟我们的目的是"种草",不仅故事要讲得吸引人,还要把书的卖点介绍到位。

书的卖点通常包括主要内容、能够解决的问题、销售情况等。介绍卖点时切忌干巴巴地介绍,而要结合书籍的实际功能,让书的卖点更具有吸引力。

在引出书籍后,紧接着作者介绍了书籍的主要内容:

这本书把人分成了 16 种类型,里面的测试工具简单实用,既能帮助我们了解自己,也能帮助我们了解他人。

然后结合空姐化解冲突的真实经历力证此书的强大实用性：

那本书叫《天生不同》，是讲人格测试的，书中把人分成了 16 种类型，里面的 MBTI 测试简单实用，而且测出来的结果非常准确。看完这本书后，我不但更了解自己了，也更了解别人了。

比如这次这个女乘客一上机，我就从她的行为举止、面容表情看出她是个不好惹的人。当她问我那个问题时，我还从其他乘客眼中看出了他们也感觉这名女乘客极不友好。

根据书中的描述，我判断她属于 MBTI 测试中的外倾直觉型人格，这种类型的人不拘小节，比较轻率，常以外在客观事物为核心。其实她并无恶意，可能她是因为感情失意，才会突然问出那样的问题。于是我运用书中的知识巧妙地回答了她。

我建议你也看看这本书，相信它对你以后的工作、生活、感情也会有很大帮助的……

之后，我们可以继续介绍书籍的更多卖点以及它的销售情况：

听完萱姐的话，我心想：这本书到底有什么魔力，能让萱姐在那么短时间内看出一个人的人格，并能巧妙回答那么尴尬的问题。

原来《天生不同》是由美国的迈尔斯母女在 20 世纪 40 年代撰写的一本关于人格测试的书，里面谈到的人格测试工具叫 MBTI，据说在全球已经火了 80 年了。

《天生不同》之前只有英文版，后来因为太火了，被译成了多种语言版本。据统计，每年有超过 200 万人参与测试，不少人拿来测婚姻、测职业。

再继续介绍书籍相关信息，比如书中的知识源头是基于著名心理学家荣格的，再次体现了该书的权威性。

然后继续以自己的阅读感悟证明此书在现实中强大的实用性。

生活中、职场上、感情里难免会出现一些尴尬、不友好的事情，这时如果知道该怎么处理，那么人际关系将会更加和谐。

《天生不同》中的人格测试工具是在著名心理学家荣格心理学理论基础上发展出来的，看完《天生不同》真是获益良多，正如本书宣传语所说："每个人都是独一无二的个体。"

我们会发现，对书籍卖点的介绍一定要到位，可以尝试从不同维度进行多元化介绍，比如从书籍的主要内容、销售情况、功能价值、理论来源、现实运用等方面。其次要贴近实际，不能生硬地介绍，要有细节和佐证地介绍。既然说书好，那么体现在哪里，既要把卖点讲清楚，更要证实，这样的卖点介绍才是有血有肉的，才能够获得读者的信任。

卖点介绍充分后，最后就是引导读者下单了。

带货文前面写得再好，末尾如果不引导下单，前面的力气就白费了。所以，写带货文一定要有销售意识。

还是刚才的文章，在末尾引导下单环节，作者下足了功夫：

你是否有下面这些困惑：

1. 结婚有孩子了，孩子不爱学习，你经常为此焦虑得睡不着觉；

2. 被原生家庭伤害得体无完肤却不知怎么去克服；

3. 自己兢兢业业地用心工作，升职加薪却总与自己无缘；

4. 爱人或恋人对自己总是很冷淡，爱答不理；

5. 同事、家人总是打击你，让你觉得自己没用、自卑；

6. 谈项目精力、钱财花了不少，却总是谈不成；

……………

如果有，那么我建议你也看看这本《天生不同》，它能帮你解开疑惑，给你有效实用的方法。现在头条小店上刚好也有这本书，而且不贵，才20来块，我当时可是花50多块买的，有需要的小伙伴快快下单吧！

有个小提醒，虽然带货文是为了带货，但切忌浮躁。

在引出商品介绍这部分内容时要注意循序渐进，节奏可以稍微慢一点，先分析问题，简单介绍书籍的核心内容，说明它的阅读价值和影响力，在赢得读者信任和激起读者购买欲望后，再引导其下单，这样转化效果会理想很多。

第五节 学会两种书单写法，"爆款收割机"就是你

一份高转化率的书单相当于"爆款收割机"。

和推荐单本书相比，书单的流量收益和带货效果往往更好。为

什么呢？

因为书单属于合集类内容，合集类内容信息量大、全，本身自带"种草"基因，书单是我们学习读书稿写作无法绕开的一种文章形式。

书单看似简单，但要写出高转化率的书单，也是需要具备一些写作技巧的。我通常会写两类书单：一类是主题书单，一类是综合类书单。

主题书单

主题书单一般会围绕同一主题推荐多本图书，比如：

书单|这 5 本女性成长小说，25 岁前一定要读；

书单|女性不得不读的 6 本传记：给你 2021 年乘风破浪、活出自我的勇气；

书单|3 本育儿好书，爸妈不生气，孩子更快乐；

书单|如何靠阅读成为读书博主和阅读推广人？这 6 本书不可不读。

这些都属于主题书单，它们会围绕某类人群、某一身份或者某一职业等的需求痛点来"种草"。

接下来我们看看如何完成主题书单写作。

首先，标题决定了文章的点击率。好的标题要有关键词，要能激发读者的好奇心和探索欲，并且能告诉读者阅读文章可以得到哪些收获，有哪些好处。

《女性不得不读的 6 本传记:给你 2021 年乘风破浪、活出自我的勇气》这篇书单标题的前半句嵌入了关键词,揭露了适合的阅读对象,以及书单种类,"不得不"激起了人的好奇心理,让读者很想看看究竟都有哪些好书,后半句抛出了利益点,"给你 2021 年乘风破浪、活出自我的勇气"。

下面是第一段话,也可以理解为这篇书单的破题,写得比较随意:

最近一直在写主题书单,前面已经写了以小说、思维、情感为主题的书单,今天要给书友们分享的是女性传记。

我是一个很喜欢读传记的人,今天要介绍的这 6 本书,每一本我都很喜欢,所以文章写得比较长,足足写了 5 000 多字。原本想去掉一本,缩减一点字数,但究竟去掉哪本呢? 实在无法忍痛割爱,索性就都留下来了。希望也能为大家 2021 年的书单贡献一点力量。

其实,无论是写书评还是写书单,最开始一般都是破题、引题,先来一段开场白,然后点名主旨,说明意图,与其说这是书单书评的写作方式,不如说,这就是基本的写作逻辑。关于写作逻辑,第三章我们有详细介绍。

接下来,直接进入正文,一本一本介绍书。

首先,把书名以小标题的方式标记出来,字体要大,看起来要醒目。然后,在标题下面写上推荐理由。

这里要注意,我们是在向别人推荐书,你为什么要推荐这本书而不是其他书？总要给人一个阅读的理由。这个理由怎么写呢？我的写法是，用一句话写出读完这本书后自己的阅读感受。比如第一本《你当像鸟飞往你的山》，我给的推荐理由是，当你置身黑暗，你要相信，教育永远都是改变命运的最佳途径。

因为这是一本小说，所以介绍这本书的时候，我简单叙述了故事梗概。

这本书的作者塔拉·韦斯特弗出身于一个狂热的摩门教家庭，她的父亲激进专制，坚决不接受文化的灌输，自作聪明地抵抗社会，不让孩子们上学，生病了也不能去医院看病，固执地认为学校等一切公共机构都是政府为了给民众洗脑而设置的。他让子女们和他一样生活在一个原始环境中，顽固地拒绝外界，与社会脱节。

庆幸的是，当塔拉在黑暗中找不到方向，无奈又无助的时候，哥哥泰勒仿佛她人生的灯塔，告诉她外面还有另一个世界："外面还有一个世界，塔拉，当爸爸不在你耳边灌输的时候，一切都会不一样。"

受到哥哥的启发和引导，塔拉开始质疑父亲的观念和家人的生活方式，努力考大学，离开家，挣脱束缚，冲破禁锢她思想意识的那扇门，迈出了改变命运的关键一步，也奔向了更加理性光明的未来……

从未接受过正式教育的塔拉，通过刻苦自学，通过了美国大学入学考试，后来还成为剑桥大学的博士，教育彻头彻尾改变了她的人生。塔拉没有像曾经预期的那样十八九岁就早早结婚，跟母亲一样

左手阅读，右手写作
从零开始打造你的读书IP

做一名普通的乡村助产士,而是拥有了一个完全不同的人生。

上面这段文字,我既介绍了整本书的故事线和主人公的命运,还适当添加了一些书里的对话和情节,比如塔拉和她哥哥的对话。

这样写,一方面帮助读者了解了这本书的主要内容,另一方面通过具体情节使读者产生了代入感,从而激发了他们的阅读兴趣。

介绍完这本书,再从书里到书外,简单阐述一下阅读这本书给我带来的思考和感悟。

有人说,原生家庭就是我们的宿命,这本书却告诉我,尽管我们无法选择降生在什么样的家庭,但我们始终拥有决定命运走向的权利。对于绝大多数人来说,接受教育,无论在何时,都是改变命运的最佳途径。

好的写作一定是夹叙夹议的,前面叙述故事梗概,后面跟着议论,表达自己的观点,这样写作不仅能给予读者一些启发,而且能够激发读者阅读此书的兴趣,从而起到"种草"的效果。

后面几本书都是一样的写作思路,就不一一介绍了。

综合类书单

综合类书单涵盖的书籍种类比较多。

举个例子,假如我这个月读了很多书,自我管理、人物传记、心理学、社科、工具书等,因为种类比较多,所以无法写主题书单,那么这时候我就可以写综合类书单。

综合类书单和主题书单其实本质上是没有太大区别的,在介绍书的时候,还是大概介绍下这本书讲了什么,它的核心内容是什么,读完后你的思考和感悟是什么。不同的是,因为综合类书单种类比较多,所以它可能没有一个明确的主题,因此我们在写的时候,也就无法明确告知读者这份书单的主题是什么了,但这也没关系,你只要能够让读者对你即将介绍的这几本书产生兴趣就可以了。

还是那句话:任何文章的开头,或者说破题,它的作用都是吸引读者阅读,激发他们的阅读兴趣,所以开头把价值点抛出来很重要。

大家看这篇综合书单《这8本新书,读完能让你脱胎换骨 | 本周书单》

2022年第3周书单来了!

书房菌这周推荐的书单用一个字来形容就是"新"。

没错,这6本书全是今年1月份出版的新书,一出来便备受好评。

有人物传记、历史解读、家乡味道……读完定能让你大有收获。

开篇虽然简单,但写作目的已经达到了,然后介绍每本书即可。

这里需要注意的一点是,由于书单通常是多本书一起推荐,所以切记:一本书只插入一次商品卡。

📖 书单写作要点

第一,要击中读者痛点。

写书单不要只站在自己的角度,还要站在读者的角度思考,想想他们在工作和生活中都有哪些痛点。比如工作压力大的时候该如何缓解，或者两口子一言不合就吵架，可以读哪些书等。

既然写书单是为了卖书，就不能"自嗨式"写作，只有当读者真正感觉到你推荐的书对他有用时，他们才可能下单购买。

第二，要通俗易懂。

写书单一定要做到通俗易懂，能深入浅出地把书里的核心内容讲明白，让读者对它产生阅读兴趣。

其实写书单的人很多，但能把书单写好的人很少。很多人在写书单的时候，经常会把它写成呆板的介绍文，非常枯燥乏味，这是我最不喜欢的方式。

虽然关于一本书的介绍，我们在网上都能找到，但是大家千万不要直接搬运，尽量用自己的话把原书的核心内容复述出来，然后写出自己的阅读体验和感想，这样你的书单可读性才会更强，读者才更愿意下单。

第三，尽量体现个人风格。

写作要有个人风格，尤其写书单，同样的书可能很多人都推荐过，如何体现我们和其他人的不同呢？关键就是与众不同的个人风格。

通常来说，读者也会更喜欢有个人风格的书单，比如轻松幽默，或者个人观点很独特等。

我比较喜欢一个荐书自媒体账号，叫"书单来了"，公众号和头条都有,大家可以关注一下,它的文章风格就非常鲜明,不仅通俗易懂,而且写得也很幽默,基本篇篇都是十万加,带货效果也非常好。

无论是主题书单,还是综合类书单,如果读者读完后有收获,且有想要阅读原书的冲动,就说明你的书单写得不错。

一份好书单不仅在于分享阅读收获,更具有"种草"的价值,好书单自带"种草"基因。

书单看起来好像不难,但要真正写好,能够打动读者,获得不错的带货收益,还需要我们将用户思维深植内心,站在读者角度思考,真诚分享,走心推荐。

第六节　搞定拆书稿写作,读懂、写透,拆书高手就是你

说到"拆书",有些人可能会比较困惑,什么是"拆书"?

拆书是将一本书内化之后,用自己的语言再创作,提炼出全书要点,然后根据自己的理解,写成5~7篇解读稿,让没看过这本书的人,能通过文字看懂这本书讲了什么,让看过这本书的人发现自己在阅读中没有发现的观点。这就是拆书。

那么拆书稿和书评、讲书稿有什么不同呢?

简单来讲,讲书要帮听众在有限时间内弄明白一本书讲了什么,它属于一本书内容精髓的输出,不需要有太多个人观点和延伸。

书评是作者阅读之后的内容输出，并非对全书知识和情节的囊括，而可能只与书上某个篇章或者某一节有关，所以相比讲书稿，书评相对更为主观和个性化，目的是引发读者对原书产生阅读兴趣。

拆书则是将书上的重点知识或观点分解，通过主题化、系统化的方式把一本书的精华"嚼透"，再分享给读者，是一种更加深度的阅读和写作。

回顾过去的"拆书"经历，我发现拆书稿写作真的令人受益匪浅。

📖 拆书稿写作的三个好处

第一，有助于积累知识、增进理解力。

很多新手刚开始阅读量比较小，写拆书稿可以倒逼新手加强阅读量，所以它是快速补充知识、积累素材的好方式，非常适合新手。

与此同时，拆书稿写作要求作者精读、深读原书，需要把一本书嚼透之后再创作，这对作者的阅读理解力有一定要求。

为了写好拆书稿，写作者在阅读过程中必须做好笔记，加深对书籍内容的理解与消化，把书读懂、读明白。书读不明白肯定是写不好拆书稿的。这样一来，就非常有利于新手在短期内快速提升阅读能力。

第二，建立基本的写作思维。

拆书稿有自己的写作思路和逻辑，比如针对一个大主题，如何把它拆分为 5~7 个细分主题,然后再围绕每个细分主题构思写作,每篇文章的论点是什么,以及需要借助哪些素材来论证,结尾又该怎样总结,这些都需要写作者提前构思。

明确主题,提炼论点,寻找素材,论证分析,收束全文,这是写拆书稿的基本思路,但又何尝不是写作的基本逻辑呢?

所以,拆书稿写得多了,也就摸到了写作的基本套路。长期训练,新手的写作能力将会得到有效提升。

对新手来说,写拆书稿不仅能帮助新手提升阅读能力,更能训练写作水平,而且庞大的阅读量和知识累积,还能为以后持续写作打下扎实的基础,是不是一举多得呢?

拆书稿有固定的文体结构,只要掌握基本的写作思路和方法,即便没什么经验的新手,经过一段时间的训练,也能学会这类文稿写作。

更重要的是,拆书稿稿费相对不错,通常在 300~500 元左右,过稿难度不大,和书评、观点文、人物稿相比,拆书稿的写作相对较为简单,非常适合新手入门。

📖 优秀拆书文的五个标准

虽然说写作的基本逻辑是相通的,但要想真正掌握拆书稿写作,一些特定的细节要求也是有必要学习和掌握的。总的来说,一篇优秀的拆书文需要满足五个标准。

1. 引用原句

拆书文可以适当引用原书内容,比如书里的观点、金句、名人名言等。

引用和主题相关的内容可以起到加强论证的作用,有时候我们说得再多,不如直接引用一两句作者的观点,或者一些有力量的金句。

其次,引用原句还能够增强代入感,尤其在写小说类拆书文的时候,很容易将读者带入故事情境中,它是帮助读者获得沉浸式阅读体验的好办法。

2. 提出问题

拆书文最终呈现的是音频,听众在听书的时候,很容易受到外界干扰,如果拆书稿写得过于平淡,听众的思绪可能就会偏移。

因此,在写拆书稿的时候,建议在文章的开头、中间、结尾处适当抛出一两个问题,提问能引导读者思考,从而捕捉听众的收听兴趣。

3. 强调核心观点或主题

每篇拆书稿都要围绕一个特定的主题来写作,切忌写成流水账。因此,跟写书评类似,拆书稿同样要求结构化写作,开篇亮出文章观点,正文展开论述,结尾总结全文并升华主题,在此基础上引导读者阅读原书。

4. 有趣有料,为读者提供价值

拆书稿是对一本书的精读,需要作者写作的时候,提炼并具体展现书上的精华。因此，一篇优秀的拆书文不仅要通俗易懂，还要体现它的价值。要么提供新知，帮助读者升级认知，了解一个未曾听过的理论或者知识；要么提供解决方案，让读者收获某类问题的解决办法，帮助他们更好地生活和工作。这就是写拆书稿的价值，也是写作的意义。

5. 夹叙夹议

好的书评一定是夹叙夹议的，同样，这点也适用于拆书文。

虽然拆书是对书籍重点内容的提炼和复述，但不代表不能有作者自己的观点。实际上，好的拆书稿不仅要有叙述，更要有议论，要体现作者自己的思考，否则将毫无灵魂，简单重复原书内容，只会让读者丧失阅读兴趣。

总之，拆书稿写作的宗旨，是让读过书的读者收获新东西，让没读过的读者产生阅读此书的兴趣。

📖 拆书稿写作的六个步骤

为帮助大家降低写作难度，我把拆书稿写作总结为六个步骤。

第一步，看作者简介、内容摘要和目录。

快速浏览这些信息可以帮助我们捕捉重点，了解一本书大概讲了什么，有哪些重要内容，初步了解拆书稿可以围绕哪些主题来展开。

第二步，快速阅读，并梳理出重点。

对于书稿类作者来说,阅读速度决定写作产出,读书速度太慢,写稿会陷入低效低产状态。所以,如果要写一本书的拆书稿,我至少会把一本书读两遍,第一遍快速阅读,把重要的地方、难以理解的地方、新的知识点等标注出来,这个时间大概是 1 小时左右。

第三步:做读书笔记,深度阅读。

快速阅读一遍之后,还要进行深度阅读,彻底把书读明白,之后再写拆书稿。在深度阅读时,我一般会重点阅读标注部分,并用三步内化法写读书笔记,重述核心要点,确保做到了理解,然后联系实际生活和工作经验举例论证,这里的案例可以是自己的,也可以是他人的。

第四步,画思维导图,梳理大纲。

拆书稿写作是一种系统化的写作,或者主题化写作,一本书就是一个大的主题,围绕这本书,我们需要厘清重点,梳理出不同的细分主题,然后针对每个细分主题写拆书稿。

画思维导图就是为拆书稿写大纲,厘清思路,这样在写拆书稿的时候才不会跑偏。

第五步,根据大纲,完成初稿。

思维导图出来后,文章的框架就有了,再把之前的读书笔记作为素材填充到文章里,基本初稿也就完成了。

第六步,修改并交付。

初稿完成后,过几个小时,或者隔天再来修改。为避免文章中有语句不通、错别字等问题，建议写完后大声朗读，这样修改效果会更好。

　　修改就是亲眼看着一个原本粗糙不堪的东西，在自己的不断打磨下，慢慢变得优雅精致的过程，所以，修改会让人很有成就感。

　　新手学习写拆书稿好处很多，不仅有助于提高阅读理解力，积累知识和写作素材，还能获得稿酬回报。想学习读书写作，但又不知道写什么，那就从写拆书稿开始吧！按照我总结的方法来写拆书稿，即便新手，也能写出主题明确、逻辑清晰、内容饱满的拆书稿。

第五章

打造个人IP：撬动运营杠杆，让阅读和写作为人生赋能

第一节 找准定位，垂直深耕，做一个
有辨识度的读书 IP

自 2020 年以来，在小红书等平台涌现出了大量的读书 IP。

读书博主门槛低，只要对读书有兴趣，能够在小红书之类的自媒体平台分享读书心得，都可以成为一名读书博主。

然而，大量人群涌入，也导致同类同质化账号太多，读书博主成了一个竞争非常激烈的品类。

可是，大量"面目模糊"的读书博主真的能实现自我价值吗？

以小红书为例，账号能否有收入主要看私域价值转换能不能拿到合作，粉丝愿不愿意为博主买单，取决于账号的粉丝量，也取决于账号的经营数据。

如果账号内容同质化严重，没有差异化，不仅很难吸引粉丝关注，也很难接到甲方合作。

自媒体运营已经过了粗放的时代，越来越需要精准定位，精细化运营，垂直输出。如果账号没有特点，内容跟其他博主无法区分开来，那么这样的读书账号很难吸粉，也很难有较高的商业价值。

因此，如果你想做读书 IP，一定要找到属于自己的细分领域，文学、历史、教育、哲学、职场……找到一个自己最喜欢、能够持续输出的方向长期深耕，做出特色，打造优秀的读书 IP，这才是长久之路。

📖 找准定位，做真实的自己

那么，怎样找准自己的定位呢？

做读书博主是一件长期的事，它不是一两天或者一两个月就能完成的，它可能需要半年、一年、甚至三五年，所以，一定要选择自己真正有热情、能够持续分享和深耕的方向。

比如我的朋友小播特别喜欢哲学，他的自媒体账号"小播讲哲学"就一直在持续输出哲学类的读书笔记，经过两三年的积累，现在已经是全网百万级的哲学类读书博主，不仅成为多个平台的签约作者，如今也出版了自己的书籍。

小播从自己的兴趣赛道出发，长期深耕，最终成为读书领域的知名 IP。

还有一位退休学员格子，一开始也是找不准定位，分享的读书内容和其他博主大同小异，账号怎么也做不起来。

后来，受陪跑群小伙伴的启发，她逐渐找到了适合自己的定位"退休人士＋读书"，此后，她的内容都是围绕这个定位持续输出的，吸引了一大批和她一样已退休或即将退休，同时喜欢读书的粉丝。

原本以为小红书上都是年轻人，结果发现其实老年人也不少，而她因为退休后坚持读书学习，淡定从容的心态和热爱分享的品质也被粉丝们称为"小红书读书博主清流"，探索出了一种更有意义的生活方式不说,还开启了副业的可能。

其实,读书博主找定位没有那么难,重要的是打开思路,要么从自己的兴趣切入,要么从职业切入,要么从当下的生活状态切入,了解自己,勇敢做真实的自己,就是最好的人设。

📖 垂直深耕,做细分赛道的小专家

做读书博主不用去做一个大而全的博主,什么书都读,什么书都推荐,有自己特定的阅读品味,往往更容易成为细分赛道的小专家。

比如,有的人因为做哲学博主,最终成为哲学领域的作家;有的人因为做教育博主,最终成为研究教育的知名人士;还有些人因为持续分享职场知识,最终成为职场名人……

也许你会觉得这很难,但做读书IP,我希望一定要记住一句话:永远不要高估自己一年的成就,也不要低估十年的坚持。

当一个人长期围绕一个细分赛道持续不断地学习、输出,久而久之,他的专业知识和能力就会不断得到积累、训练和精进,从而逐渐从一个"小白"变成一个具备专业能力的人。

任何专业知识的掌握都需要通过持续学习和积累,虽然有个过程,但是,把时间花在更有深度的事情上,一定是值得的。

所以,找准定位只是第一步,定位明确后,最重要的,是沿着自己的方向持续输入和输出,能日更就日更,不能日更,最少也要做到一周三更。

如果担心做不到,可以找几个一起做自媒体的小伙伴组个陪伴群,互相加油打气,一群人在一起互相支持、彼此赋能,这样会走得更远。

做读书 IP,方向很重要,但唯有不断坚持,才可能拿到结果。

当你在这条路上坚持得越久,你越会发现,最珍贵的收获,并不是名和利,而是自己内心的成长,以及你最终会成为一个有硬本领,能够靠专业实力吃饭的人。这是围绕一个细分赛道深耕带来的必然结果。

当你在一个细分赛道越来越专业,影响力越来越大的时候,就会有很多人来找你,这时候你会发现,赚钱不那么难了,而你也将因为自己的专业实力,拥有了选择自由生活方式的能力。

你可以继续在工作之余做读书博主,也可以做一名全职博主,开启自媒体博主创业的生活方式。

因兴趣而专业,因专业而自由。

从兴趣找到方向,因持续投入而专业,最终又因专业实力而获得自由,成为有辨识度、有专业实力,并且时间价值更高的人,这就是读书 IP 的最好的起始和结局。

第二节　图文、短视频、直播,选择哪种
输出形式

很多人明确赛道后,经常会为一个问题感到困惑:究竟选择哪种内容输出形式? 是选择图文,还是短视频,抑或是直播,还是选择多

种形式相结合？

自媒体从图文时代如今已经发展到了短视频和直播时代，内容输出形式变得越来越多样化，但对于 IP 来说，不是流行什么就做什么，而要尽量选择适合自己的形式，尤其当自己还是新人的时候。

📖 图文、短视频、直播优劣势分析

图文是最传统的内容输出形式，门槛不高，会写文章，会作图，懂点运营，素人就能做起一个图文读书账号。和短视频、直播相比，图文输出对 IP 的能力要求没有那么高，比较适合新手。缺点在于不够立体，和粉丝的交流距离不够近。尤其随着各大平台流量向短视频和直播倾斜，图文流量呈下滑趋势。

作为最经典的内容表现形式，图文被淘汰的可能性很小，但用户向短视频和直播转移，却是不可逆转的趋势。

再来看短视频，短视频需要会做内容，还要敢于出镜，有一定的表现力，并且要掌握剪辑技能，相比图文，对 IP 能力要求会相对高一点。如果你有短视频拍剪基础，或者愿意深耕短视频赛道，这也是一个值得深耕的内容表现形式。

直播是更高阶的内容输出形式，不仅需要具备一定的内容创造力，还需要具备一定的表达能力和控场能力，和图文、短视频相比，它对个人能力要求更高。

那么，对于新人来说，要想成为读书 IP，初始阶段，究竟选择哪种内容输出形式，效果才会更好呢？

📖 选择当下最适合自己的赛道

对于新人来说，如果还不具备短视频和直播能力，可以先从图文开始，图文做起来后，再尝试向更高阶的内容形式突破，比如短视频和直播，甚至能力提升后，还可以多种形式相结合。

我现在既做图文，也做短视频和直播，这些都是内容的表达方式，也是我触达用户的方式，但最开始，我也是先从图文读书博主做起的。

2019 年我开始在今日头条、知乎、百家号发表读书类图文内容，因为持续输出，内容优质，后来成功成为多家平台的优秀原创作者，也多次拿到了平台奖励，一年时间积累了 10 万以上的读者。

2022 年 8 月底，我新运营的一个账号"笑薇读书写作"分享的也是图文内容，以读书笔记和书单为主，也受到了很多读者喜爱，诞生了多篇爆款笔记，也接到了很多合作。

所以，对于一个 IP 来说，选择当下最容易开始、且最容易坚持下去的表达方式最重要。

事实上，无论是图文赛道，还是短视频赛道，抑或是直播赛道，都有做得不错的，所以，关键不是做哪个赛道，而是弄清楚当下最适合你的是哪个赛道。

短视频和直播兴起的时代，图文依然是内容的重要呈现方式，甚至很多时候图文更直观,效果更好。

当然,新手做图文读书博主,不仅要把控好内容质量,写出优质的内容,更要注重图片。自媒体时代,好看的图片也是生产力,是博主视觉风格和账号品位的体现。无论是发小红书还是发朋友圈,好看的图片都是"吸睛"第一要素。

当然,如果你喜欢读书,同时又不排斥露脸,希望用更流行的表达方式来分享知识,传播价值,那么,短视频会非常适合你。

在短视频赛道,同样涌现了一批很优秀的读书IP。

比如小红书阅读博主"云路读书",这个账号专门输出短视频荐书,走心的内容,富有表现力的呈现方式,"吸睛"的封面、标题和关键词,长期垂直输出,最终吸引了大量读者。

在这里,我想特别说明的一点是,个人风格鲜明,且分享有料的博主更容易吸粉。比如"都靓"温婉甜美,"云路"鬼马精灵,靠着优质的内容和鲜明的个人风格,都成了短视频赛道优秀的读书IP。

那么,直播适合哪些人呢?

自媒体创作其实没有门槛,只要你敢于直播,敢于表达,遵守平台规则,人人都能做读书主播,但我们也要承认,每个人的优势和能力有所不同,同样做直播,有些人会更容易出成果。比如,有过讲师从业经历的,有过主持经验的,相比素人,在同样的努力程度下,他们上手会更快,效果往往也会更好。

但是,这并不意味着素人就做不好直播,读书、写作、直播都属于技能,只要有热情、好学、能坚持,普通人也可以脱颖而出。能力从来都只是一个"变量",千万不要用当下的能力去判断自己是不是能做成一件事。

只要我们愿意学习,愿意投入时间和精力,很多事情都可以实现。笑薇自己就是一个典型的真实案例。

我的性格偏安静内向,不擅长和陌生人交流,定居小城的这五年,基本就是宅在家中,但我尝试做直播后,也拿到了不少成绩,比如1小时带货5 000元,成功挑战5小时直播,也作为主持人连麦过多位知名人士,像格掌门、肖厂长、大雷、刘刚等人。

从直播经验来说,我完全是个素人,但当我下决心去做一件事时,我愿意投入时间、精力去学习,最终我的能力得到了提升,在成长路上也因此取得了一个又一个突破。

所以选择适合自己的赛道不断努力吧,假以时日,相信你也会越来越有影响力。

第三节　打造读书IP,这五个图文平台, 越早了解越好

走过了早期练笔和投稿阶段,对于想要在读书赛道取得收益的小伙伴来说,通常我都会建议去自媒体发展。

和写、投稿相比,自媒体前期虽然回报小,但长期投资可能会有

不小的回报。用好自媒体,一篇文章能产生多次收益,并且当把账号运营起来后,还有助于打造个人品牌。如果你希望靠读书写作发展出自己的一份小事业,就要重视自媒体运营了。

那么,想要打造图文读书IP,去哪些平台发展比较好呢? 接下来,我就给大家介绍五个我认为比较靠谱的自媒体平台。

第一个,小红书。

小红书是当下非常火的一个"种草"平台,在这个平台,有人"种草"美妆产品,有人"种草"母婴产品,这两年来,在这个平台"种草"好书的读书博主也越来越多了,爱读书、爱学习、爱分享的人真的是在哪个平台都备受欢迎。

小红书不需要写长文,只要能输出100~1 000字的读书心得,就能做一名小红书读书博主。

小红书是商业价值非常大的一个平台,只要你的账号优质,具有1 000以上粉丝就可以开通品牌合作人。小红书读书博主可以通过置换、广告等方式增加收入。比如会接到约评或付费笔记合作,你只需要曝光,就可以得到免费的书籍,商单一个在几百到几千元不等,具体要看账号的粉丝量和商业价值。

我有一位学员做小红书阅读博主,在粉丝只有600多的时候,就接到过好几次合作,单篇笔记推广费用都在200元以上,据说现在每个月账号收入都在四位数以上。

如果能坚持得更久,粉丝更多,达到几千上万,那么你的读书笔记报价也会更高,靠一个自媒体账号也能赚到普通上班族的收入,甚至还能更多。

做博主最核心的一点是价值输出,如果你喜欢读书和分享,那么成为一名博主,不仅能让你变得更积极,更爱学习,同时还能影响更多同频人。

第二个,公众号。

虽然现在公众号打开率没以前高,但公众号在所有自媒体平台中,商业价值却不低,建议有想法做自媒体的朋友开个公众号。

我有个朋友,2021 年 4 月份的时候,公众号只有两万粉,但每个月也能稳赚 5000~8000,相当于一个普通白领的收入,到 2022 年,她的号已经有了 6 万粉,一条广告费用达到了 2 500 元,所以靠这个号每个月接广告就轻松月入过万了,还没有算流量和打赏的钱。

不过,运营公众号除了要保持较高的更新频率,推广也很重要。通过去一些公域平台输出干货引流,比如知乎、头条号、小红书等,或者通过商业广告的方式推广,总之,想要把公众号做起来,就不能只埋头做内容。

建议做公众号还有一个原因,那就是到最后,我们还是要把各个平台的粉丝引流到自己的号上,而公众号相比其他平台,没有太多限制,就像是自己的一个自留地,在创作上作者有更大的自由度。所以,公众号是自媒体人最终的阵地。

而且,现在视频号也可以为公众号引流,这两个渠道已经完全打通。如果你平时也有在视频号创作短视频和开直播,视频号也能为公众号导流,而且相比从其他公域引流,会更加直接高效。对于打算做自媒体的小伙伴来说,公众号可别忽视。

第三个,头条号。

头条号实现价值的途径在所有自媒体中算是比较多的,微头条、长图文、问答、专栏、西瓜视频、音频等,随着你的账号开通权限的增多,你的价值实现方式也会更加多元化。

我们可以把自己写的书评、读书笔记、书摘、带货文、书单等发到头条号上,只要内容优质,坚持更新,就会吸引到一批粉丝关注你。

我在 2020 年的时候开始做阅读写作训练营,当时的学员就是从头条来的,一直到现在,依然有很多学员来源于头条,就是因为当时坚持在头条更新读书类内容,收获了不少读者的喜爱。

当然,如果你在某个领域有比较专业系统的内容积累,还可以写个付费专栏,获得源源不断的长期收益。

我在头条的书评专栏已经卖了近 1 000 份,而且至今两年过去,它们依然在给我带来收益。所以,如果你想做图文读书 IP,头条号也是一个运营价值比较高的自媒体平台。

第四个,知乎。

知乎是一个问答平台,它的特点是在搜索引擎中被搜到的概率比较高,只要你写了优质问答,很容易被百度、微信等搜索引擎检索到,而且排名相对靠前,正因为它的曝光机会多,所以也是自媒体人不可忽视的阵地。

我们平时写的书评、书单可以用来在知乎回答问题,还能带货,分销一些知识课程,而且如果你的书评被出版社选中,还有机会拿到额外的稿费奖励。

因为长期在知乎更新读书类内容,笑薇与知乎平台也有一些内容合作,比如写带货文案,只要内容符合要求,平台都会给予基础稿费+转化奖励,一方面增加了收入,另一方面也利于账号在平台的发展。

第五个,简书。

简书也是很多写作爱好者的聚集地,写作环境友好,比较适合新手。而且这个平台还潜伏着大量编辑,只要你能坚持更新,也是有机会被发现的。

我从 2017 年开始在简书写作,我会把自己写的读书笔记和书评都发到这个平台,后来也因此获得了不少约稿合作,并因此成为签约作者,还有一些文章被刊发在纸媒。

做自媒体平台最大的好处就是,我们写出来的内容可以多平台分发,能产生多次收益,是复利化写作的最佳体现,不仅如此,它还能为我们增加曝光,进而带来更多机会。

对于新人来说,勇敢地把自己写的文章分发出去本身需要克服一些心理障碍,但只有过了这一关,我们才有可能因为内容而得到反馈,甚至在未来链接到更多的机会。

做读书IP,想要依靠内容实现自身价值,一方面要足够勇敢,另一方面也需要沉得住气,因为从一个素人到成为读书IP,再到读书领域的一个小专家,注定是需要一个过程的。

无论是写、投稿,还是做自媒体,都需要我们前期脚踏实地地去阅读,补充知识,增加储备,提高认知,然后不断打磨写作能力和水平,经历了一段时间的积累和迭代之后,相信终有一天你会成为小有影响力的读书IP!

第四节　打造读书IP,这五个短视频、直播平台一定要布局

成为一名优秀的、能够靠读书实现自我价值的博主,仅仅只在文案、拍摄、剪辑、直播等技能层面精进还不够,更需要我们对自媒体平台有一定的了解,并找到适合自己发展的自媒体平台。

这一节分享我认为值得重点运营的五个短视频、直播平台,助力大家在做读书IP的路上,收获更多喜人的成绩。

视频号

视频号是必须要推荐的。2020年,在我刚开始做读书博主的时候,当我把同样的作品同步到多个不同平台,最先接到合作,并且接到合作最多的,就是视频号。包括后来做直播,即便自己是一个没什

么经验的主播,账号的粉丝和影响力都还不够,但单场一两个小时下来,常常也能有四位数的收入。

所以,视频号的第一个优势就是商业机会多。

优势一:商业机会多。

我从 2020 年 7 月份开始做视频,大概在 7 月 23 日接到推广合作,制作一条 1 分钟的读书推广视频,合作费用是 300 元,而且对方还送了我读书会员卡,以及 50% 的分销权限,此后又接到了很多其他合作 。

虽然视频号合作不是我的主要运营方式,但是它拓展了我的运营版图,让我意识到,短视频一定是未来新宠。

我的一位自媒体朋友,去年专门做视频号,年底时已经积攒了 3 万粉丝,推广合作费达到了 6 000 元以上,只要她愿意,每个月接几个合作,收益比很多白领工资还高。

尽管视频号 2020 年年初才诞生,相比抖音,推出并不算早,但如今,它的各项功能已经基本完善,同时,腾讯也投入了越来越多的支持。比如针对原创作者的扶持计划,以及万粉作者的商业增收计划等,都是为了助力新手在视频号有更好的发展。

只要敢于分享,踏出舒适区,坚持创作优质内容,在视频号实现增收并不遥远。

优势二:熟人社交圈扩散。

常见的可以发布短视频的内容平台,比如西瓜视频、抖音、微博等,想要接到合作,粉丝非常重要。在这些平台,作品数据更多基于账号已有读者点击阅读情况,粉丝打开率高,系统才会推荐。但在视频号,不仅有系统推荐机制,而且还能通过熟人社交圈扩散。

作为新手,作为素人博主,我们大多数人在自媒体平台的粉丝都非常有限,但是在视频号,我们不缺粉丝,因为每个人的微信号或多或少都有好友,少则几百个,多则数千个。所以,在视频号上发布短视频或者做直播,即便没有系统推荐,只要多通过社群、朋友圈等方式扩散,数据也不会太差,熟人社交圈扩散无疑是视频号的另一大优势。

当然,微信已超12亿的庞大用户基数,以及人们生活和工作对微信的强需求,都使得它成为当下最火热的社交应用,这在一定程度上也会助力视频号上的作品获得更多的曝光。

在视频号创作以来,我的多条作品曝光率都达到了"10W+",直播间也多次得到了系统推流。

所以,新人做短视频读书IP,可以从视频号开始。

📖 小红书

在小红书做读书博主可选择三种方式:图文、短视频或直播。相比图文创作,短视频和直播近两年得到的平台扶持相对更多。

如果你想在小红书做一个短视频IP,不妨把平时写的读书心得用口播方式录制成视频,再用剪辑软件剪辑出来,坚持输出原创视频,你就是一个短视频读书博主啦。

对新手来说,小红书的包容度是很高的,只要你喜欢读书,能输出内容,一定能找到适合自己的方式。

实际运营中,其实我比较忽视小红书这个平台,因为实在太忙了,根本没有足够的精力在一个平台慢慢从零开始摸索,只是同步一些短视频内容,即便如此,我却在小红书接到了好几个合作。

比如一位杂志社的编辑偶然在小红书刷到了我分享的一条读书视频,向我发起了约稿请求,而我当时已经半年没有登陆小红书账号了,后来她从其他自媒体平台一路找到了我,还加了我的微信,最终我顺利得到了这家全国妇联旗下的权威杂志的撰稿邀请,并成为她们世界读书日专题活动的分享嘉宾。

何其有幸,因为很久前发的一条推书视频,我不仅获得了在权威杂志发表作品的机会,得到了一份不错的稿酬,更获得了一个非常好的个人品牌曝光和推广的机会,这些都是小红书带给我的。

所以说,无论是个人价值的实现,还是资源的获得,小红书无疑是一个机会无限的平台。

不过,小红书是一个非常注重颜值的平台,在这个平台发表作品,要把封面尽可能做得好看一些,并附上简短文案,在文案中埋下关键词。我分享了很多读书类视频,为了提高被检索到的概率,我会在文案中专门插入与读书相关的话题或关键词。

任何一个自媒体想要运营好,不仅需要我们具备优秀的内容生产能力，更要对平台有足够的了解，所以明确你想深耕的平台，然后每天至少花 1 小时来摸索，也许离成功也就不远了。

📖 西瓜视频＋抖音＋头条号

相比视频号和小红书，西瓜视频、抖音、头条号则是相对比较成熟的平台，但也正因为它们发展成熟，所以在流量、收益、活动扶持方面机会也更多。

三次曝光

首先关于曝光，西瓜视频、抖音和头条号同属于字节跳动旗下，且已经绑到了一起，同一个视频上传一次，就可以分发到三个平台。这就意味着，我们的作品只要任意上传到其中一个平台，就将有机会被三个平台的用户看到，所以，这无疑增加了曝光的机会，而多曝光则意味着更多的商机。

三倍收益

西瓜视频、抖音、头条号还为原创作者开通了流量收益。作品发布到这三个平台能享受到三次收益，只要作品数据不错，就有机会获得不错的收益。

和其他平台相比，这三个平台具备了联动曝光优势，一次分发，可获得三倍收益。努力做出受欢迎的作品，收益空间会很大。

活动扶持多

西瓜视频、抖音、头条号平台经常有各种扶持活动，视频上传后，投稿到相对应的活动专区,相当于为作品争取到了一个新的流量入口。

📖 百家号

从 2021 年开始,百家号对短视频的扶持也加大了力度,优质横版视频和竖版视频均可以得到官方的助推。官方几乎每个月都有针对知识类博主的活动,助力博主勤奋创作。博主如果能在百家号脱颖而出,他们不仅能够获得活动流量扶持和现金奖励,还有可能收到签约邀请。

📖 知乎

知乎原本是一个以文字为主的问答社区,但这两年来,在短视频迅猛发展的趋势之下,知乎也开始重视短视频发展。推荐大家在知乎做博主主要有三个理由。

理由一:环境友好

知乎这个平台干货内容超多,而读书博主分享的内容同样以干货为主,比如推荐一本好书,分享书里的知识,或者分享书单等,这类干货视频在知乎有着很好的生存土壤,因为知乎平台本身就是一个致力于分享知识、传递价值的社区。读书博主非常适合在知乎发展,因为彼此调性是相符的,也正因为调性相符,所以吸引过来的粉丝也会更精准,账号价值也会更高。

理由二:曝光机会大

知乎在搜索引擎中被搜到的概率较高,当你在百度中检索某个问题时,知乎平台的内容排名通常都会比较靠前,这就意味着曝光的机会比其他平台更大。

其次,发布在知乎的短视频可多次投稿,只要与问题相匹配,就可以把短视频投稿到问题下面,从而获得不错的曝光。我之前发布在知乎上的作品,有些阅读量达到了十几万,就是因为它的曝光效果不错,同样的内容可以多次投稿,从而找到了更多流量池。

理由三:复利收益好

知乎的收益不错,短视频作品投到和问题相匹配的问答专区,只要有用户阅读,就能获得不错的收益。

而且我发现,知乎的长尾效应很好。去年下半年我有好几个月没有在知乎更新视频,即便如此,每个月我都能在知乎拿到三四百的流量收益,虽然不多,但这向我释放了一个信号:知乎是一个非常值得投入的平台。如果在没有投入时间精力运营的情况下,仅仅靠之前的作品,我都能"躺赚",那么只要我勤快一点,继续输出更优质的内容,未来就是可期的。

所以,对于普通人来说,自媒体创作运营是有复利的,只要我们持续生产好内容,那么就可能收获更大的回报。

以上便是五个影响力比较大的短视频、直播平台,如果有精力,可以多平台运营,但如果精力不够,也可以以 1~2 个平台为主,比如

左手阅读,右手写作
从零开始打造你的读书IP

视频号和小红书,等作品更成熟或者创作力更强之后,再多铺其他平台,获得多份收益。直播的话,建议先选择流量最好的一个平台练习,经验丰富后,也可跨平台直播,增加影响力。

第五节　传播阅读,持续深耕,爱读书的人 一定会被狠狠奖励

写到这里,这本书已接近完稿。

从走上读书写作之路,再到推广读书写作,进入读书赛道五年,推广读书三年,从当初回归三线城市的姑娘,到如今成为一名创业者,我的命运已经不知不觉悄然改变。一个人长期坚持做一件事,竟然会产生如此惊人的力量。

当然,被深刻改变和影响的,还有很多很多的朋友。

学员苳苳,已在外企工作 27 年,即将面临退休。因为持续读书写作,能力出众,老板对她很倚重,公司对内对外的文书撰写,都得苳苳看过后才能外发。不仅如此,因为长期读书学习得到的思维训练,在工作中,苳苳比其他同事更善于深度思考。在一次诈骗事件中,她敏锐地识别漏洞,从而成功避免了给公司带来的损失。

就在 2022 年年底,公司调薪,苳苳拿到了公司给的最高提薪比例,成为全公司薪资增长最多的一位职员。

苳苳说,这是读书给予她的奖励!

一直在学习的人，有未来。

学员丁香依旧是一名高中退休教师，跟随我读书写作以来，上稿过樊登读书、减法生活等平台，同时也是一名当当网荐书官。不过，读书写作给她带来的最大收获，却是在处理家庭关系方面。

由于重组家庭，面临的问题多而复杂，一旦处理不好，新的家庭成员间很容易爆发矛盾，进而影响生活。但因为阅读了很多家庭生活类书籍，她在关系的处理上变得更加智慧了，无论是在财务方面，还是在和继任丈夫子女的相处上，她都能处理得妥当合理。

临近晚年的她，内心充实，家庭和谐，活出了很多人羡慕的样子。

当然，在笑薇读书成长学院，像丁香依旧和苓苓一样，因为读书写作掌握了知识技能，并且收获经营幸福人生智慧的朋友们还有很多很多。

做读书推广越久，我越发现，人之所以要读书，是为了更好地在世间生活。

世间第一等好事，莫过于读书！

当然，影响他人读书，也是一等一的大好事！

未来，我会继续传播阅读，持续围绕读书赛道深耕。我相信，爱读书的人，一定会被狠狠奖励！

这一路走来，也要感谢各位读者和学员的支持。

进入读书赛道五年，做阅读推广三年，全网有五六千人上过我的读书课，每一年，都有数百人跟着我深度学习。

2022 年 12 月，我发起了"2023 知识博主新红利"主题活动，也得到了很多小伙伴的支持。

在将近三个月时间里，梦梦协助我做方案，管理社群；星宝协助做海报，带大家宣传；猫猫也一直在配合我做活动……只要我有安排，大家都积极协助配合。

除此之外，梦真、丁香依旧、苓苓、赵凤在活动期间写了大量文案，不遗余力地帮忙做宣传，当然也包括其他共建者，像 Elva、大漠豪情、小鱼儿、袁伟、静颜、听风等雨、朱莉、娃娃、Stella、轩、何以乐杳杳、翠珊、忻辰、管管、阁阁等都为年底这次"大事件"贡献着自己的力量。

正因为有这么一群认真负责、有格局、有利他心的小伙伴支持，愿意身体力行协助我推广读书，我们的活动整体进展比较顺利，笑薇读书的影响力也比以前有了很大的提升。

这次活动让我深刻体会到：我们的很多胜利，都是众人托举的结果。

一个人能做成一件事，很多时候并不是因为他有多厉害，而是因为有很多人在背后默默努力。

2022 年读过一本书叫《华杉讲透〈论语〉》，书中有个观点令我醍醐灌顶：

为什么很多人不能成功，就是因为在"我如何才能成功，如何能更成功"上想得太多，在"我到底能干啥，我到底对社会有什么用"上面想得太少。

读书若只停留在自我教育、让自己变得更好的层面，那么读书的力量仅仅发挥出了 20%，只有当我们多思考如何通过读书去帮助别人，读书学习带来的巨大回报才会回流到我们身上。

过去，我一直强调"读书，更要用书"，要学以致用。

我们通过读书写书评获得稿费，通过读书赋能职业发展、促进家庭幸福，都是从实用的角度来读书，但实用也分"小用"和"大用"。

如果我们读书只在自己身上或者小家庭里发挥作用，那么它给我们带来的益处是有限的。

拿点稿费，改善自己的职业和家庭，这些我们很多人都做到了，但是，这还远远不够。

什么曾经拯救过你，你就拿它去拯救更多人。

回顾我的成长之路，2017～2019 年，我通过坚持读书找到了自己的职业方向，获得了经济独立、时间自由，但我并没有觉得自己有多牛。直到我从 2020 年开始向更多人传播读书的方法和意义时，读书才给予了我越来越大的回报。

传播阅读的核心，是利他，而且要从根本上去利他，去成就别人。

多去想一想，我是否能用自己所学去帮助他人，成就他人，而不是自己如何才能变得更成功。

做热爱的、并对他人有益的事，善意终将回流。

最后，我要特别感谢这些年来一直默默支持我的家人，我的父母、婆婆、爱人，正因为有了他们的理解、体谅与分担，我才能没有后顾之忧，心无旁骛地专注于学习和工作，从而取得了一些成绩。家和万事兴！

　　未来，我会继续分享知识，传播阅读，并带领更多人一起做这件事。我相信，它值得我全力以赴。